산사의 목탁소리

국립중앙도서관 출판시도서목록(CIP)

산사의 목탁소리 : 김창규 시집 / 지은이: 김창규. -- 대전 : 오늘의문학사, 2013
    p. ;   cm. -- (오늘의문학시인선 ; 325)

ISBN 978-89-5669-587-7 03810 : ₩10000

한국 현대시[韓國 現代詩]
811.7-KDC5
895.715-DDC21   CIP2013027763

산사의 목탁소리

김창규 시집

오늘의문학사

| 머리말 |

그때 그 시절

　왜정 말 일제는 부족한 물자를 채우기 위해 초등학생들에게 풀을 베어 말려 짐승 먹이로, 관솔을 따다 기름내고 아카시아 나무껍질 벗겨 말렸다. 또한 놋그릇과 철로 된 생활 용구는 물론 녹슨 쇠붙이까지 강제로 가져갔다.
　청년은 징병과 징용으로 전쟁터에, 소녀들은 일본군의 위안부로 전쟁터에 끌려갔다. 패전을 앞둔 일제의 탄압은 식민지 정책을 이용하고 있었다. 한국인을 징병·징용·군위안부로 전쟁터와 탄광과 군수공장으로 끌고 갔다. 이것이 마지막 발악이었다.
　8·15해방이 되었지만 왜놈들이 전부 강탈해간 탓으로 우리나라는 아무것도 없고 먹을 식량조차 없어 풀뿌리 캐먹고 나무껍질 벗겨 먹는 초근목피로 연명하던 어려운 시절, 비가 새는 집에서 많은 식구들이 이불 하나를 덮고 잠을 잤다.
　지금은 각자 넓은 방에서 많은 것을 누리며 살고 있다.
　그때는 보릿고개가 가장 힘들었다고 말하면 현대 사람들은 믿지 못할 것이다.

　문화가 급속도로 발전된 지금은 세계화를 외치는 다문화시대다. 단일민족이란 말은 전설처럼 사라져 가고 있다. 몇십 년 후면 족보를 잘 간수하지 않으면 자기들의 조상과 뿌리는 어디서 찾을지 까맣게 잊지나 않을까 생각해 본다.

　대전의 뿌리공원은 우리 선조들의 발자취를 더듬어 보는 좋은 상징이다. 먼 훗날 후손들의 표본이 될 것이라 믿는다.

　시절 인연에 따라서 사람들은 끝없는 먼 길을 걷는다. 과거 현재 미래를 생각하며 일기 형식으로 엮어보았다.

　과거와 현재의 생활상을 다소나마 느껴볼 수 있었으면 하는 바람이다.

머리말 ……………………… 12

1 산사의 목탁소리

인연 ……………………………………… 23
그리운 어머니 1 ………………………… 24
그리운 어머니 2 ………………………… 25
산사의 목탁소리 ………………………… 26
시루봉을 묻는 사람들 …………………… 27
학생과 수각 ……………………………… 28
산사에 홀로 앉아 ………………………… 29
극락은 어디쯤 있는가 …………………… 30
자비의 마음 ……………………………… 31
의지처(依支處) …………………………… 32
등잔불 …………………………………… 33
방생과 사찰순례 ………………………… 34
눈길 내는 스님 …………………………… 36
불자 송년 모임에서 ……………………… 37
인연이란 ………………………………… 38
보문사지 2 ……………………………… 39
오색 연등 ………………………………… 40
이 순간 …………………………………… 41
부끄러운 마음 …………………………… 42
지수 화풍 ………………………………… 43
거제도 대원사 앞바다 수륙재 방생 …… 44
비둘기 알을 깬 아들을 위하여 백일기도 ……… 45
내 마음을 믿으라 ………………………… 46

2 자전거와 굴렁쇠

지게 ………………………………… 49
풍물 ………………………………… 50
눈뜬 물고기 ……………………… 51
동지 팥죽의 유래 ……………… 52
천수답과 주정꾼 ………………… 53
보릿고개 …………………………… 54
해방직후 구충제 먹던 시절 …… 55
6·25 사변과 식생활 …………… 56
인민군의 횡포 …………………… 57
품앗이 ……………………………… 58
휴전선 ……………………………… 59
현충원에서 ………………………… 60
시대의 변천 ……………………… 61
자전거와 굴렁쇠 ………………… 62
핸드폰과 내비게이션 …………… 63
백일과 돌 회갑 ………………… 64
학교와 선생님의 명퇴 ………… 65
오십 년 전과 현시대 …………… 66
추석과 설 성묘 ………………… 67
인사말의 변천 …………………… 68
묻지마 범죄 원인 ……………… 69
오랜 병고에 효자가 없다 ……… 70
버스안 사람들 …………………… 71
삶의 숨결을 찾아서 …………… 72
벼와 쌀 …………………………… 73
길 …………………………………… 74

세상의 수많은 길 ········· 75
소중한 게 있다 ········· 76
끈질긴 노력 ········· 77
100세 시대가 와 있다 ········· 78

3 봄·여름·가을·겨울

입춘 ········· 81
꽃과 나비 ········· 82
봄꽃들의 잔치와 시샘 ········· 83
민들레의 슬기로운 번식 ········· 84
계절 잊은 개나리 ········· 85
송홧가루 ········· 86
미루나무 ········· 87
날아가는 산새 ········· 88
우산 ········· 89
소나기 ········· 90
매미 소리 ········· 91
매미의 울음 ········· 92
햇빛 ········· 93
삼복더위 ········· 94
가뭄 속에 단비 ········· 95
비 오는 여름 ········· 96
나무 그늘의 고마움 ········· 97
까치밥 ········· 98
오동잎 ········· 100
가을과 낙엽 ········· 101

낙엽 속의 사연들 ·············· 102
가을은 만물이 번식하는 계절 ······ 103
눈 ······················· 104
겨울 추위 ··················· 105
빙판 ······················ 106
나무들은 눈을 무서워한다 ········ 107
강추위 폭설 속에도 봄은 온다 ····· 108
눈 위를 걷는 인생의 긴 여정 ······ 109
무병장수 ··················· 110

4 꿈이 있는 사람들

구름 ······················ 113
시간은 멈추지 않는다 ··········· 114
나무를 보며 ················· 115
철새들 ····················· 116
바위틈에 걸린 소나무 ··········· 117
마음 속 ···················· 118
대보름 윷놀이 ················ 119
일기장은 지난날의 추억 ········· 120
꿈이 있는 사람들 ·············· 121
정직하고 성실하게 ············· 122
효도하는 마음 ················ 123
세상을 지배하는 힘은 교육이다 ···· 124
말과 글은 인간의 길잡이 ········· 125
말 한마디 칭찬이 행복을 만든다 ··· 126
머리카락의 일생 ··············· 127

사진의 변천 ·············· 128
꿈과 성공 ················ 129
기념일 ··················· 130
추억 ····················· 131
가난은 죄가 아니다 ······· 132
동방예의지국 ············· 133
삶이란 ··················· 134
수준에 맞게 ·············· 135
누구나 타고난 특성이 있다 · 136
손수건과의 인연 ·········· 137
아는 것이 힘 ············· 138
예절 바른 노인들 ········· 139
말 못하는 짐승도 알아듣는다 · 140
칭찬과 행복 ·············· 142
낮과 밤 ·················· 144

5 상전으로 모시는 개

껍데기 공약이라도 ········ 147
산마다 시원스럽게 뚫린 길 · 148
역사와 문명 ·············· 149
갈등이 없는 사회 ········· 150
인간답게 살기 위해 노력하자 · 151
성씨와 본관은 어디신지요? · 152
나이 먹는다는 것 ········· 154
지구촌 사람 ·············· 155
낙엽은 인생길과 같다 ····· 156

말 한마디가 그 사람의 인격 ············· 157
마음씨가 좋으면 관상도 변하는가! ········· 158
독서의 계절 ······················ 160
눈 감고 귀 막고 다녀야 하는가? ········· 161
상전처럼 모시는 개 ················ 162
흐르는 물 ························ 163
억울하면 출세하라 ················· 164
애주가의 마음 ···················· 165
정전 ···························· 166
나의 건강은 내가 지키자 ············· 168
돈은 요물단지 ···················· 169
담배꽁초 ························ 170
돈에 울고 돈에 웃는 인생 ············· 171
속이고 속아 사는 인생 ··············· 172
노출된 옷차림 ···················· 173
갈등이란 ························ 174
빈손으로 가는 인생 ················· 175
여자의 마음 ······················ 176
인정받는 사람 ···················· 178
웃음보따리 ······················ 179
운전자는 교통신호가 중요하다 ········· 180
세월 따라 세상도 따라 가네 ··········· 181
하는 말과 듣는 귀 ················· 182
소인과 대인의 차이 ················· 183
좋은 일과 나쁜 일의 차이 ············· 184
행복과 불행의 마음 ················· 185
맑은 물과 흐린 물의 변화 ············· 186

■**작품해설** ‖ 송정란/詩心, 佛心으로 지은 오롯한 절 한 채 ··· 187

1

산사의 목탁소리

인연

세상에 맺은 많은 인연 중에
가장 큰 인연은
부모 자식 인연이라.
형제자매 모두
애틋한 추억을 나누어도
잊을 수 없는 그리움,
부모님의 자애로운 그리움이라.

"보고파라, 보고파라."
간곡한 소원으로
애간장을 다 녹여도
느낄 수 없는 부모님의 체온
볼 수 없는 부모님의 모습
이승과 저승길이 너무 멀어라.

그리운 어머니 1

추운 날에도 보고 싶어요.
더운 날에도 보고 싶어요.
한결같이 자식만을 위해
온몸을 희생하신 어머니.

당신의 포근한 품 안에서
자식들은 건강하게
잘 자랐습니다.

어느 날 훌쩍 떠나가신 어머님
바람소리 스쳐가도
어머님 목소리 들리는 듯
달빛 속에 어리는 어머님 모습

꿈속에 다시 만나 불러도
대답 없는
그리운 어머님.

그리운 어머니 2

열 달 동안 품안에서 고이 길러
생사의 고통 겪으시고 얻은 자식
입속에 넣었던 것마저 다시 꺼내
먹여주시는 어머니

남은 것은 당신의 거칠어진
손마디와 굽은 허리.

낡고 헐은 당신의 육신 앞에
고통만 가득 안고
신음소리 자식 귀에 들릴세라
숨죽여 돌아눕는 당신 모습

자식이란 두 글자 앞에
당신은 희생도 보람이셨습니다.

산사의 목탁소리

고촉사 목탁소리에 먼동이 틉니다.
솔바람 불어와
송홧가루 휘저어 놓으면
골짜기는 황금 가사를 입습니다.

가랑비 내리던 날 저녁
범종소리
어둠이 내려도
답답한 마음을 말끔히 씻습니다.

산사의 풍경소리에 세월이 멎습니다.
저녁 예불 소리에
번뇌를 내려놓으면
맑은 하늘에 연등처럼 떠 있는 초승달.

시루봉을 묻는 사람들

고촉사 길은 가팔라 오르기가 어렵습니다.
겨울에도 몸에 땀이 뱁니다.
시루봉은 어디로 갑니까?
물을 때마다
고촉사를 지나면 바로 거깁니다.
대답을 하며 차 한 잔씩 나누어 마십니다.

학생과 수각

고촉사 수각(水閣)에서 많은 등산객이 물을 먹고 올라간다. 법당 마당에 많은 사람들이 모여 있는 것을 보면 단체로 등산을 온 것 같다. 그 중 한사람이 수각에서 세수를 하고 있어도 사람들은 말 한 마디 없이 물을 마신다. 떠들썩하여 올라가보니 계속 세수를 하는 것이다.

"학생! 여기서 세수를 하면 다른 여러 사람들은 물을 먹지 말라는 것인가?" 고함을 치니 젊은 여자분들의 말이 "애가 셋이나 되는 아빠래요!" "모르면 배우는 게 학생이요! 그러니까 앞으로 학생이라 부르세요!" 여든 살 할아버지가 세 살 된 손자의 말을 듣고 배운다는 옛말이 생각난다.

산사에 홀로 앉아

먹구름은 하늘에 가득하고 비가 올 듯한데 비행기 소리가 요란스러워 올려다보니 모습은 보이지 않고 소리만 남겼다.

세월은 벌써 하지를 지나 더운 여름을 만들고 선풍기 쉴 새 없이 돌아 시원한 바람을 만든다. 깜빡 졸다 책상에 부딪치니 단잠은 멀리 달아났다.

6·25행사에 참석한 스님들은 돌아올 줄 모르고 공양주는 시내에 볼 일 있어 내려가 오지 않는다. 창문 열고 먼 산 바라보니 번갯불 천둥소리 갑자기 쏟아진 소나기에 산천이 흠뻑 젖었구나.

어둠은 내려와 소나기 흥겨워 장단 맞추고 요란한 빗소리가 산사의 적막을 깨우는구나!

극락은 어디쯤 있는가

양지가 있으면 반드시 음지가 있다.
항상 젊었으면 싶은데 늙어간다.
항상 건강하게 살고 싶은데 병이 생긴다.
사랑하는 사람은 헤어지기 싫어도 헤어진다.
미운 사람은 만나지 않으려 해도 만나게 된다.
영원히 살고 싶어 하는데도 죽기 마련이다.

이 모든 괴로움들이 존재하고 있기에
작은 기쁨도 행복하다는 말이 나온다.

자비의 마음

자비는 악하고, 선하고, 더럽고, 깨끗하고, 높고, 낮고, 못나고, 잘나고가 아닌 갈등이 없는 것이 자비입니다. 흐르는 강물이든, 구정물이든, 핏물이든, 고름이든, 똥물이든, 수많은 물들이 들어와도 여여(如如)하게 받아들이면서 그냥 흐르는 마음 그와 같은 것입니다.

마음 쓰기에 달렸다. 허공에는 길이 없고 물속에는 고기가 살고 있습니다. 비틀어진 데도 없고 모난 데도 없이 정갈하고 편안하면 됩니다. 바로 보고 바로 생각하는 자타의 평등성을 지혜로 살피며 모든 이들에게 넉넉한 마음으로 대하는 것이 자비라 생각해 봅니다.

의지처(依支處)

진정한 의지처는 어디에 있을까.
온정의 단맛에 빠져버리기 쉽고
마음의 악마
쓴맛에 견디기 어려워할 때
인생의 삶에서 순풍의 맛을
거부할 필요는 없지만
역풍이 괴로워도 그 바람 스쳐 지나고
만나는 것을 알라.
자신의 마음이 어떻게 움직이고 있는지
순간순간 흐르는 마음을
그때, 순풍과 역풍에도
흔들리지 않는 여유를 가져라.

등잔불

약사불 앞 인등불이 수없이 켜 있다. 약사불은 아픔을 고쳐주시고, 오래 살 수 있도록 해주시며, 재난과 근심을 없애주시고, 옷과 음식을 많이 주어 잘 살 수 있도록 하여 일광보살과 월광보살과 12지상을 거느리신다.

모두 사연 속에 켜 있는 인등은 건강, 행복, 진급, 대학입학, 나름대로 소원성취, 부처님은 모든 소원을 받아주신다.

어느 날 바람이 심하게 불어 불이 꺼져 있었다. 기름이 없나 확인하니 조금은 남았다. 충분히 보충하여 다시 켜도 바람 때문에 이루지 못했다. 수차 노력 끝에 다행히 켜졌다. 끝까지 노력한 마음으로 합장을 한다.

방생과 사찰순례

새벽 4시30분, 피곤하지만 전날 준비한 20여 박스를 운반하는데 차가 고장이 나 어려움이 많았다. 약속된 시간 7시 정각에 출발하여 정해 저수지에 9시에 도착하다. 너른 저수지가 꽁꽁 얼어 방생할 곳을 찾았으나 마땅치 않아 적당한 곳을 찾아 얼음을 깨다. 두껍게 얼어 깨는 데 시간이 걸리다.

방생은 약 2시간 정도 소요되다. 칠성사를 참배한 후 와우정사에 도착하여 점심 공양부터 하게 되었다. 모든 것이 준비가 안 된 상태에서 공양하는데 여러 모로 혼잡하다. 외국 사람들이 많이 오는 곳이라서 더욱 복잡하다. 부처님이 누워 있는 와우정사 돌탑도 수십 개가 잘 짜여 있어 더욱 돋보인다.

순례를 마친 후 법륜사를 향해 달리다. 법륜사는 새로 창건된 사찰이라서 깨끗하다. 53톤 정도의 웅장한 석조 부처님, 먼저 부처님을 모신 후에 법당 불사를 하였기 때문에 공법이 특이하다. 짜임새 있게 잘 꾸며진 건물과 사찰의 규모도 특이하여, 먼 훗날 후인들의 좋은 평가를 기대해 본다. 용덕사는 높은 위치라서 오르는 데도 시간이 많이 걸리고 천 삼백여 년 된 고찰이다.

천안 각원사를 가다. 사찰 규모도 크지만 밖에 모셔진 부처님도 너무나 웅장하다. 5개 사찰순례는 따뜻한 날씨와 불자님들이 적극 협조해 주셔서 대전에 무사히 도착, 불자님들께 감사말씀 드린다.

눈길 내는 스님

함박눈이 며칠 계속되는 동안
산과 들은 눈 세상으로 변했다.
높고 낮음 없이 평등하다.

오고가는 사람들이 마음 놓고 다니도록 스님과 함께 삽과 비 곡괭이로 눈 속 길을 만들다. 산사 입구까지 3일 동안 노력 끝에 4~5백 미터 길이 열렸다. 길옆에 치워 놓은 눈덩이·얼음조각들, 많은 땀의 결실인 것 같다. 산사 오시는 분들이 한결같이 '길 내시느라 수고하셨다' 격려하신다. 고생의 대가라 생각하니 마음이 편하다. 음력 섣달 초하루 많은 불자님들이 오셨다.

설한풍이 몰아치는 추운 겨울에도
시방세계 건강하시기를 축수하였다.
산사의 해가 길을 서두른다.

불자 송년 모임에서

처음에 뜻이 같은 분들 약 20여 명이 한 달에 한 번씩 모임을 갖게 된 것이 어느덧 20년이 흘렀다. 그동안 모임이 있는 날에는 반갑고 웃음이 넘치는 즐거운 시간들이었다. 이제는 세월이 흘러 이마에는 주름살이 늘고 흰 머리카락이 보인다.

때로는 모임에서 종종 놀러 다녔고 정자나무 그늘에서 아낙네의 그네 뛰는 모습도 상상하며 민들레 노란 꽃도 카메라에 담아 지난날 추억도 만들어 보았다.

오늘 송년 모임은 뜻이 깊다. '논산 훈련소 법당 신축공사' 기부금을 내는 보람 있는 일도 있기에 20여 년이 짧게 느껴진다. 지금은 70대 노인들의 모임, 아직도 마음은 젊고 건강한 모습으로 젊은 사람들과 더불어 따뜻하고 즐겁고 보람차다.

인연이란

많이 베풀면서도 나쁜 말을 하여
마음을 아프게 하기도 한다.

베풀 수 없어도 좋은 말을 하여
마음을 편하고 즐겁게도 한다.

아끼고 남을 도와야지,
풍족해진 다음 남을 돕기는 어렵다.

좋은 일 하면서 마음을 비운다면
그곳에 행복이 가득 차리라.

보문사지 2

산은 옛 산이로되
봄은 옛 봄이 아니로다.
보문사지 돌아보니
옛 모습 간데없고
승군들의 넋은 어디로 갔는지
표지판아 말해다오.

어둠을 헤치고 훈훈한 봄바람
골짜기 개울물도 점점 커 가는데
고목나무 가지에 움트는 소리
잡초의 새싹들이 몸부림치는구나.

긴 세월 어둠 속에
쓸쓸히 남겨진
당간지주 맷돌
석조 유물들 남기고
푸른 하늘 흰 구름만
정처 없이 흘러가는구나.

오색 연등

지난해 거두어 두었던 비닐 연등, 여름에 뜨거운 천막 속에서 얼마나 더위와 싸웠는지 서로 껴안고 떨어질 줄 모른다. 간신히 떼어 놓으면 제자리로 돌아가네. 작은 돌 하나씩 선사 받고 펴지려는가!

양쪽에 걸린 모습이 그래도 화려해 보인다.

밤 새워 세수를 했나, 주름살이 펴진 것을 보니, 그래도 밤새워 고생한 보람이 있다. 부처님 오신 날을 환영하기 위해 비가 오나, 바람이 불거나 밤과 낮을 가리지 않고 합장하는 불심만이 변함없구나.

이 순간

야반삼경, 잠에서 깨어나 잠 못 이루고
창틈 사이 비친 달빛마저 차가운데
지난 일들이 머릿속에 스쳐가는 순간
잊으려 눈을 감고 잠을 청해도
많고 많은 사연들이 하필이면
이 순간에 파고드는가.
다시 눈을 감아본다.
우리가 존재하는 것은
순간순간 이어지기 때문이다.
한 발짝 잘못 뛰면
엉뚱한 곳으로 가게 된다,
눈 감으면 죽고 눈 뜨면 사는 것이다
이것이 생활이고 현실이다
오고가는 모든 것이 마음에 있거늘,
마음은 해와 같고 번뇌는 구름과 같다

부끄러운 마음

흐린 하늘에
먹구름 밀려오고
잰걸음 재촉하는데
짓궂은 소나기가 날 따라와
흠씬 적셔놓고 달아나 버렸네.
달라붙은 옷이 불편해
벗다 보니
거울 앞에 비친 내 알몸에
마음이 부끄러워
시선을 저만치 돌리고 말았네.

* 사람을 존중하는 방법
 그 사람이 있는 자리에서 존경하고
 그 사람이 없는 자리에서 칭찬하고
 그 사람이 어려울 때 힘껏 돕는다.

지수 화풍

방울방울 떨어지는
빗방울 속에 한 몸이 되어
나의 형체는 흘러 흘러
개울이 되고
시내가 되고
강물이 되고
바다가 되어서
그 무상함을 구경하다가
때가 되면
해님의 온정으로
사뿐히 구름에 올라
세상 구경하다가
땅으로 내려와
떨어지는 빗방울 속에
나의 형체는 눈빛 형형하게
살아나리니,
서서히 되살아나리니.

거제도 대원사 앞바다 수륙재 방생

　이른 아침 7시 정각 버스 4대가 목적지를 향해 번개처럼 달렸다. 10시 30분 예정대로 거제도 대원사 도착, 선착장에서 수륙대제 방생의식이 2시간에 걸쳐 성대히 거행되었다.
　여름 햇살이 쏟아지는 아래 차광막을 쳤지만 장소가 비좁아 곳곳에 그늘 찾아 인산인해를 이루다. 의식이 끝난 후 바지선에 오르니 넓고 푸른 바다 잔잔한 수평선 양쪽에 작은 배가 몰고 간다.
　넓은 바지선 모두가 즐거운 한마당 수천 마리, 물고기 푸른 바다 속으로 자유 찾아 보내고, 거제종합예술단의 어울림 한마당 하늘과 바다가 한마음 되어 바다의 꽃바람 용왕님도 흥겨웠으리.
　주위에 푸른 산들 병풍처럼 달려올 때 한 폭의 그림, 허기진 배를 대원사에서 채우고 옥천사 순례를 마치고 대전에 무사히 도착한 많은 사람들의 마음속에 즐겁고 좋은 하루를 담아주다.

비둘기 알을 깬 아들을 위한 백일기도

고촉사 신도 중 노보살님이 삼복더위 속에
땀을 비 오듯 쏟는 초복에 절을 찾았다.

작은 새 한 마리만 보아도 무서워했던 아들이, 손자와 함께 아파트 모퉁이에 비둘기가 알을 품고 있는 모습이 무섭다며, 놀란 가슴을 참을 수 없어, 비둘기 알 두 개를 밑으로 떨어트렸단다. 노보살님은 아들을 나쁜 놈이라고 거듭 말하며, 비둘기 알 살생소멸 백일기도를 해달라고 신신당부하면서, 며느리에게도 백일기도 부쳤으니 잘못했다고 빌어주라고 당부의 전화를 하였다. 노보살님은 남들이 이 말을 들으면 웃을 것이라면서 절을 내려가셨다

자식 위해 정성을 다하는 부모님 마음
자식들이 조금이나마 알아주었으면.

내 마음을 믿으라

남을 믿는다는 것은
자기 마음과 생각이 같기에
의심하지 않고
정을 나눈다는 것이다.
그 누구도 알려하지 않은데도
편안한 마음으로 일상을 즐기며
있는 그대로 표현하고
내 잘못을 지적 받고
남을 칭찬하는 자세였으면
좋으련만,
없어도 있는 척
몰라도 아는 척
가식 투성이 처신이
마음을 아프게 한다.
5계는
하늘을 오르는 사다리와 같고
바다를 건너는 배와 같으며
어둠을 밝히는 등불이다.

2

자전거와 굴렁쇠

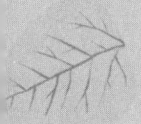

지게

남자는 지게를 지고
여인들은 머리에 이고 다녔으나

지금은 운송 사업 발달해
편리한 세상이 되었다.

그 유용한 나무지게 없어지고
양은지게 보니 신기한 듯

산사의 보살 종순이와 정자
지게 짊어지고 기념사진 찰칵!

풍물

옛날에 각 부락마다 큰 행사를 할 때 큰 기 앞세우고 풍물을 쳤다. 논을 매어 다수의 자금도 만들었다.

그러나 6·25사변으로 어수선한 길가, 작은 마을 범남부락 집이라곤 십여 호뿐, 청년 십여 명이 모여 삼복더위에도 논을 매 다소의 자금을 마련하다.

젊은 혈기 의욕이 넘쳐 집집마다 골목을 돌면서 신명나게 터를 눌렀다. 동네 어르신들의 격려를 받아 이웃 마을까지 초청하여 삼일 동안 잔치도 하다.

생활이 어려운 시기에도 밤늦도록 풍물소리 끊이지 않았다. 그때를 생각하면 꿈같은 일이다.

눈뜬 물고기

세차게 부는 바람 따라
풍경소리 귓가를 두드린다.

문 열고 바라보니 앞을 분간 못할 정도
법당 구석구석 빗소리 머뭇거리고
기왓장 위에서 빗방울이 장단 맞춰 춤추네.

한바탕 펼쳐지는 것을 보니 아무래도
오늘밤은 어두워 떠나기 싫은가 보다.

새벽바람 찾아와 뜰에 서성거리고
빈 하늘 구름 조각 어디로 흘러가나.

처마 밑 눈뜬 물고기 물 없는 공간에서
허공을 벗 삼아 조용히 흔들거리네.

동지 팥죽의 유래

　음력 11월 초순은 애동지, 중순은 중동지, 하순은 노동지, 애동지는 아이들이, 중동지는 중년층이, 노동지는 노인들이 많이 죽는다는 속설이 있어, 애동지는 주로 떡을 해 먹었다. 동지 팥죽은 건강하게 겨울을 보내려는 조상님들의 지혜였다. 붉은 팥죽이 열독을 다스리고, 나쁜 피를 없애며, 장 기능을 개선하고 변비에도 도움을 주어 다이어트에도 좋단다. 팥죽을 끓여 장독에 올려 조상께 바쳤고, 팥죽을 사방에 뿌려 귀신을 쫓고 재앙을 면해, 가족들의 무사안녕을 빌었다.

　동지가 지나 열흘 정도면
　해가 쥐꼬리만큼 길어진다.

천수답과 주정꾼

여름가뭄 계속되어 농민들 애태우는데
요란스럽게 내리던 소나기 멈추고
맹꽁이 목청 높여 울어주네.
천수답 때늦은 모내기 끝내고
평상에 허리 펴고 누워본다.
무쇠 솥에서 뭉친 누룽지
엉성한 콩밭 열무에 풋고추 된장이
전부인 밥상이라 수저들이 바쁘다.
건너 마을 주막집 막걸리 사러 가
맛을 보다 취해 잠이 들었네.
이웃집 술 떨어진 것 보고,
집에 와도, 그 다음날에도 술이 떨어진다.
잠깐 눈 파는 사이 형수는 술을 비우고
쌀뜨물을 채웠다,
들랑날랑 마시며 술주정 하는구나.
뜨물을 먹고 주정하는 사람도 있느냐
형수가 말하니, 어쩐지 싱겁더라 말하네.

보릿고개

보리는 가을에 파종하여
겨울을 지나 여름에 수확을 하는 곡물이다.
옛날에는 주식이었다.

가을에 수확한 곡식이 다 떨어지고 보리가 아직 영글지 않아 농촌의 식생활이 가장 어려움을 겪고 있는 고통스럽고 괴로웠던 때를 보릿고개라 한다. 가을 농사 지어 소작료와 장리 이자 세금 등 빚 청산 비용을 빼고 나머지 식량을 겨울과 봄 초여름까지 이르다보면 4~6월까지 식량이 바닥나 보릿고개는 굶주림과 영양실조 눈물과 죽음을 상징하는 고유명사다. 보릿고개는 연례행사처럼 쑥과 칡뿌리, 소나무 껍질, 아직 여물지 않은 감자, 진달래, 아카시아 꽃을 밀가루에 묻혀 익혀 먹고 산나물로 배를 채웠다.

현재는 문화가 급속도로 발전하여
그때 그 시절을 가늠할 수도 없다.

해방 직후 구충제 먹던 시절

코흘리개 초등학교 갈 때
가슴에 손수건을 달고
콧물이 많이 나와 닦아야 했다.
밤에는 오줌을 싸게 하는 기생충을 품고 살았다.
회충약을 먹기 싫어 도망도 가고
세수는 했는지 목의 때는 없는지 손톱은 깎았는지
일주일마다 위생검사도 했다
목욕은 명절 때나 했으며
이는 우글우글 엉금엉금 기어 다녔다.
모기가 전염시키는
말라리아와 무서운 질병의 종류가 많지만
병원이 없어 죽어가는 어린이가 많았다.
전국 읍면에 보건소가 생기면서
건강에 많은 도움을 주었다.
이제는 도립병원이 생기고
대학병원과 종합병원이 생긴 선진국이다.
모든 나라에 가서 봉사활동을 한다.

6 · 25 사변과 식생활

6 · 25사변으로 땅은 폐허가 되었으며 식량 부족으로 땅을 일구어 수확을 할 때다. 피난민들도 산자락에 틈만 있으면 밭을 일구었다. 계절에 따라 적절한 씨앗을 뿌려 수확을 했지만 소출은 적었다. 모두가 굶주림에 괴로워할 때 미국에서 구호물품이 전달되어 배급을 타 먹을 때였다.

농사에 전혀 경험이 없는 내가 밀을 경작하기 위해, 고랑은 넓게, 두둑은 좁게, 씨앗은 촘촘하게 뿌렸다, 거름도 많이 한 것이 수확을 많이 했다. 다행히 키가 작은 앉은뱅이 밀, 쓰러지지 않고 잘 되어 많은 수확을 보게 되었다. 소문이 퍼지자 농사에 수십 년 경험이 있는 분이 와서 이모저모 골고루 살펴보았다.

옛날에는 홍보가 전혀 없어 주먹구구식이다. 농부의 고달픔과 피곤함을 농사짓지 않은 사람은 모르리라. 국민의 대부분은 쌀밥 먹는 집은 부자로 생각, 열심히 일하여 자식들을 교육시켜 오늘날 부강한 나라로 이룩하였으니, 부모님들의 피와 땀의 결실이다.

인민군의 횡포

불볕더위 계속되고
인근의 대포소리 요란한데
계룡산 쪽 방향 쏘던 대포소리
멈춘 지 몇 시간 후 인민군
둠성둠성 걸어서 나타나고
집집마다 다니며 식량구걸
하룻밤 지낸 후 저녁 일찍 재촉한다.
식사가 끝난 후
전쟁 준비 바쁜데
자기들 마음에 들지 않으면
뒷동산에 가자고 하며
쏴 죽이겠다고 하여
가슴 졸이며 보낸 그때
벼이삭 숫자 세어보고
수수목 재어보는 공산주의.
추수하면 식량배급
주겠다는 속셈이었던가 보다.

품앗이

6·25사변 후 농촌의 일손이 모자라 바쁜 때였다. 어른들 따라서 품앗이 하러 갔다. 일도 안 해 보고 나이도 어린 데다 몸도 약하니 못마땅해 해도 나는 노여워하지 않고 못 들은 척 하며 십리가 넘는 길을 따라갔다. 허허벌판 햇볕이 쏟아지는 불볕더위에도 용기를 내어 열심히 했다. 일을 잘못한다고 투덜대도 모르는 척 더욱 열심히 하루를 마쳤다.

지금 생각하면 미련한 생각이 든다. 눈치도 모르고 귀머거리처럼 참아가며 자존심도 버리고 하였으니 바보 같다는 생각이 든다. 일은 잘못해도 품앗이를 하였으니 일할 사람이 없었으니 당연한 일인 줄 안다. 현재는 문화가 발전되어 모든 일을 기계가 대신하니 몇 십 배의 수확을 해 힘 안 들고 편리한 세상이 되었다.

휴전선

머나먼 내 고향 바람 따라 세월은 가고
통일의 염원은 가슴속 깊이 스며오는데
저 하늘 흰 구름만 소리 없이
흘러흘러 얽히고설킨 한,
설움이
철조망 가시마다 핏방울로 얼룩졌네!

차가운 달빛 속에 스쳐가는 희미한 그림자
꿈에 본 내 고향
언제나 그리워 잠 못 이루고
푸른 하늘 저 멀리 철새들은 오고가련만
내 부모 내 형제는 소식조차 전할 길 없는데
눈물만이 흘러내리네!

현충원에서

현충원은 나라를 위해 하나뿐인 목숨을 바치신 분들이 잠들어 있는 곳이다.

국립묘지 현충원에서 "6월 6일이 무슨 날인가" 초등학교 학생들에게 물으면 "현충일!"이라 한다. "현충일이 무슨 날이냐?" 물으면 "몰라요!" 대답한다.

우리나라를 위해 목숨을 내놓은 애국 열사들을 생각하고 고마워하는 분들의 영혼을 생각하며 학생들에게 교육을 시켜 잊지 않도록 하여야 할 텐데, 노는 날로만 알고 깊은 뜻을 모르면, 앞으로 점점 시대가 흘러간 후에는 어쩔 것인가.

나라가 있어야 가정과 개인의 행복도 존재한다. 나라의 존립과 유지를 위해 공헌하거나, 희생한 국가 유공자들을 예우하여 국민의 애국정신, 호국보훈의 달, 적어도 현충일과 6·25 사변만은 잊지 말아야겠다.

시대의 변천

과거 오십여 년 전만 해도 명절 때 동네 어른들께 세배 다니는 것이 법으로 정해진 것도 아닌데 모두가 잘 실천하고 있었다. 추석에도 조상님 묘소에 성묘하는 것이 당연했다. 집에서도 부모님과 어른들께 인사드리고 떠났으며, 돌아와서는 잘 다녀왔다고 인사드렸다. 지금은 부모님께 이 핑계 저 핑계 대면서 용돈을 타가고 또래끼리 여행도 가고 놀기도 하지만, 도리에 어긋난 일들이 자주 생긴다.

자식들 잘 되라고 뒷바라지 해주지만
세상은 묘하게 흘러가고 있다.
부모님 속을 태우는 자가 늘고 있다.

자전거와 굴렁쇠

오십여 년 전 6·25사변과 더불어
굴렁쇠를 굴리며 동네를 몇 바퀴씩 돌았다.
입을 옷이 귀하기에 세탁물을 널면
마를 때까지 기다렸다가 거두어왔다.
자전거도 동네에 한두 대 있을 정도다.
물자가 귀하다 보니 자전거뿐만 아니라
돈이 될 만한 것들이 자주 도난당했다.
세상이 점점 발전하여 이제는 차들이
집집마다 있다 보니 잘 사는 편이다.
기름 한 방울 나지 않는 나라에서
기름 값이 치솟다보니 자전거를 권장하며
자전거 전용도로를 만들어 놓았다.
젊은 사람들이 운동 삼아 많이 타고 다닌다.
자전거를 잘 만들어 단단하고 가볍다 보니
자전거를 메고 타면서 산을 오르내린다.

핸드폰과 내비게이션

시대가 변하여 생활필수품이 된 핸드폰
차에는 내비게이션이
생활 속에 자리를 잡아가고 있다.
남녀노소를 막론하고
시계 대용으로 핸드폰이 시간을 알리고,
내비게이션이 길을 안내한다.
옛날 인사말과 많이 달라졌다.
"안녕하세요!"에서
"건강하세요!"로 바뀌듯
원시시대에는 북극성을 기준으로
방향과 춘하추동 사계절로 삶을 이었다.
멀고 먼 옛날이야기처럼 들린다.
기술이 발전하여 사람이 하던 일을
기계로 대처하니 편리한 세상이다.

백일과 돌 회갑

옛날에는 아이들을 많이 낳아도 사망률이 높다. 백일 때면 할머니가 수수팥떡을 만들어서 이삼십 리가 넘는 시장까지 가서 사람들에게 수수떡을 나누어주며 손자의 명을 빌었다.

현재는 둘 셋 낳으면 많이 낳기 때문에 3·7일에도 기도를 하고 손자 손녀들의 명을 빌어준다. 그러나 세월이 흐르는 동안 손자들의 재롱 속에 돌잔치 하이라이트는 옛날에는 책과 붓, 실타래, 쌀 등이었다. 요즘은 판사봉, 청진기, 마이크, 연필, 책, 돈 등이 있기에 많은 변화가 온 것이다. 본인들의 특기만 있으면 잘 살 수 있기 때문에 재능에 따라 지원을 해준다.

우리나라도 다문화시대에 접어들면서 출산율도 적어지고 회갑도 사라져 간다. 그 대신 돌잔치가 거창한 행사로 변하고 있다. 칠팔십 대에게 회갑은 새파랗게 젊은 나이다.

학교와 선생님의 명퇴

옛날에는 학교 다니는 것이 자랑스럽고 즐거웠다. 선생님을 존경하고 훌륭한 분으로 생각했다. 천직으로 알고 교육대학 가서 훌륭한 교원을 꿈꾸는 사람들, 숫자는 많이 늘고 있지만, 학생들 눈치보고 학부모들의 거센 항의에 교권이 사라져 괴롭다고 한다.

경험이 많은 중견 선생님들이
정년을 앞두고 서둘러 학교를 떠난다.
훌륭한 제자들을
길러내는 게 힘들기 때문이다.

교사는 사회적으로 존경받는 직업이었는데 학교를 떠나는 핵심적인 요인은 교권침해다. 학생이 교사를 희롱하고 폭행해도 체벌금지와 인권조례에 걸릴까봐 체벌을 할 수가 없다. 선생님으로서 훌륭한 제자를 만들지 못하기 때문이 아닐까 하는 생각이 든다.

오십 년 전과 현시대

오십 년 전 동네 아이들이 성장하는 모습은 순수하였다. 여름에는 시냇물에서 고기 잡고 멱 감던 일이며 겨울에는 쥐불놀이와 얼음 위에서 팽이 치고 썰매 타는 즐거운 일들이 있었다. 윷놀이와 그네타기, 가을 초등학교 운동회 날에는 가족의 음식을 장만했다. 즐거운 함성이 운동장을 메웠다.

시골 오일장에는 5~6개 면 사람들이 모여들어 이웃사촌처럼 만나면 반가웠다. 곡마단과 영화가 들어와 시골사람들의 구경거리가 되었다. 종종 노래자랑도 있었으며, 가설극장도 사람들을 즐겁게 했다.

문화가 발달하면서 모든 것이 편리한 세상이 되어왔다. 외딴 곳에서 집성촌을 이루고 살다가, 아파트가 들어서면서 서로 모르고 지내는 일들이 많아졌다. 아침 일찍 나갔다가 저녁 늦게 들어오니, 서로 만나지 못하는 입장이 되었기 때문이다. 옛날에는 살기가 어려워도 인심만은 넉넉했다.

추석과 설 성묘

즐거운 마음으로 고향길을 간다. 아이들은 세뱃돈 받는 즐거움으로 웃음이 가득하다. 아이들의 재롱에 웃음꽃이 핀다.

추워서 그런지 성못길에 나서는 사람은 불과 이십여 명, 자동차 세대가 움직인다. 열시 반에 출발 금산과 청양 고속도로를 이용하니 하루에 다녀올 수 있게 되었다. 산에서 아이들 눈싸움이 한창인데, 눈 위에 있는 배설물을 보고 동현이 묻는다. 고라니 배설물이라고 말할 때 옆에서 큰 토끼가 힘차게 산을 오른다. 토끼의 배설물은 고라니의 배설물보다 월등히 크다. 고라니는 큰 쥐 정도로 알고 있던 동현이는 토끼보다 더 크다는 말을 듣고 눈이 휘둥그레졌다.

성묘 마치고 점심을 먹다보니 세시를 넘겼다. 각자 다양한 주문으로 시간이 걸렸다. 성묘를 다녀오니 마음이 편하다.

인사말의 변천

어렸을 때 동네 어르신을 만나면 "진지 잡수셨어요?" 인사를 하였다. 살기 어려운 시절 보릿고개 넘기가 힘들고 어려웠던 때였다.

시대의 변화에 공장들이 생기고 산업전선에 뛰어든 분들은 "좋은 아침입니다!" 했던 인사가 휴대폰이 보급되면서 젊은 사람들 말은 간소해져 "방가방가!"로 연년에 변하는 말들. "네네!" 인사말도 앞의 "네"는 높이는 말이고 뒤의 말은 낮추는 말이 사용되었다.

사람마다 생각이 다르기 때문에 계속 변천하면서 2010년에는 "힘내세요!"로 바뀌었다가 노령화사회가 되면서 "건강하세요!"로 변하였다.

묻지마 범죄 원인

학교 폭력도 학생들 간의 얽히고설킨 긴장 속에 친구들의 따돌림이 생기다 보면 마음은 괴롭다.

직장에서 경쟁력이 약한 사람은 동료들의 따돌림 속에서 우울증 환자가 되어 소외와 분노는 끔찍한 범죄의 원인이 된다.

경기 침체와 실업자 등의 생활고 여파에 생기는 묻지마 범죄 원인이 있으니, 인과를 알고 몸과 마음을 조심해야 하니, 성공한 사람이나 실패한 사람도 안전할 수 없는 현실이다.

오랜 병고에 효자가 없다

세계화시대에 접어들면서 세상은 점점 메말라가고 있다.

여러 모로 어수선한 생활 속에 형제간의 불화가 있는가 하면 재산관계로 부모를 학대하고 먼 곳에 부모를 버리고 오는 살기 힘든 각박한 세상, 중풍으로 고생하는 환자와 치매 환자가 많이 있어 더욱 힘든 일이다.

요즘은 부모가 나이 많은 분들은 요양원에 계신 분들이 많아졌다 한다. 우리나라도 효성에 관한 관념이 갈수록 사라져가기에 걱정이다. 앞으로 노인의 수명은 100세시대가 될 요즘 노인의 말년은 너무도 고통스럽다.

이제는 인성교육을 강화하여 효도하는 사회가 되었으면 하는 바람이다.

버스안 사람들

버스에 오르면서 앉을자리가 있나
두리번거려도 앉을 곳은 없다.

손잡이를 잡고 서 있으니 사십대가 넘은 여인이 자리를 양보한다. 앉으면서 조금은 미안한 느낌이다. 버스안은 콩나물 시루, 승강장마다 안내 방송, 내리는 승객보다 타는 승객이 더 많다. 추운 날씨 계절 따라 모두가 두터운 옷차림이다.

다음날 아침 버스에 오르니 등교 시간이다. 학생들이 차안에 가득하다. 모두가 자리에 앉아 서 있어도 양보는 없다. 세대 차이인가, 옆에는 노약 장애인에게 자리양보하라는 표어가 있어도 서 있는 분들은 육칠십대 노인들, 공부 잘하여 훌륭한 사람 되라는 배려인 듯, 학생들에게 자리 양보하고 서 있는 것 같은 마음들!

버스는 학생들이 대절한 통학버스,
힘차게 달려라, 젊은 버스야.

삶의 숨결을 찾아서

자기를 드러내는 사람은 어두워지고
자기를 옳다고 우기는 사람은 빛나지 않으며
자기를 사랑하는 사람은 공덕이 없어지고
자기를 과시하는 사람은 오래 가지 못한다.
사소한 일들을 대단하게 생각하며
정작 대단히 중요한 인생의
행복과 아름다움은 잃어버린 채
살아가는 것이 아닌가.
십리 길을 가는 자와 천리 길을 가는 자는
그 첫걸음부터 다르다.
그리고 죽는다는 것은 누구나 평등하지만
그 죽음에 이르는 여정은 서로 다르다.

벼와 쌀

씨 뿌려, 모내기 후, 가을에 수확하는 쌀
벼의 성장 과정을 모르는 아이들은
쌀 나무에서 쌀이 쏟아지는 줄
착각하는 아이도 있으리라.
자세히 알려면 모판에서 모내기까지
과정을 보면 알 수 있다.
봄부터 여름을 지나 가을,
들판에 잘 익은 벼가
황금물결 치듯 하는 모습에서
쌀 한 톨을 수확하기 위해 농부의 손이
여든 여덟 번 가고
벼가 농부의 발자국 소리 듣고 자란다는
말처럼 그의 정성과 노력을 생각한다.

길

길은
가장 중요한 등불이다.

비행기 길이 없다면
위험 사고로 이어지고
뱃길이 없다면
암초에 부딪치리라.

자동차도 달리는 길이 없다면
대형 사고가 나리라.
짐승도 스스로 길을 만들어
올라가고 내려간다.

인생의 길도
잘못하면 고생이고
잘하면 행복하리라.

세상의 수많은 길

많은 길이 만들어져 있다.
산을 오르는 길
하늘을 나는 길
바다를 건너는 길
도로를 달리는 길

산 숲속을 다니는 길은 산짐승들이, 하늘을 나는 길은 날짐승들이, 바다는 많은 물고기 동족끼리 떼 지어 다니고, 기러기 떼는 밤하늘에 줄을 서서 날아간다. 솔개미도 이사할 때 길 찾아 수백 마리씩 줄을 선다.

물은 위에서 아래로 흐르는 길이 있다. 식물들도 성장은 다 다르다. 덩굴을 뻗어가는 식물은 유리한 곳을 찾아 뻗어가는 길을 택한다. 사람들도 넓은 길, 좁은 길, 포장도로, 흙길, 이익 되는 길, 손해 되는 길, 고민 속에 길을 헤맨다.

소중한 게 있다

사막에서 길을 잃고 헤매다가 마지막 한모금의 물도 마시고 나니 갈증이 나서 물을 찾아 헤맬 때 금·은·물 세 가지를 발견했다. 세 가지 중에 무엇을 선택할 것인가 물어본다면 각자 생각이 다를 것이다.

세상 모든 사람들은 한결 같이 귀중품을 택할 것이다. 그러나 경우에 따라 잘 선택하여야 한다. 천덕꾸러기 물이 그 자리에서는 가장 값지고 소중한 것이다.

꺼져가는 생명을 구할 수 있기 때문이다. 욕심보다 한순간 선택을 잘못하면 영원히 후회하기 마련이다. 귀중품이란 필요할 때만 귀중품이 될 수 있기 때문에, 아무리 좋은 귀중품도 필요치 않으면 무용지물이다.

끈질긴 노력

"성공이란 무엇이냐?"고 물으면 흔히 돈 많이 버는 것, 훌륭한 사람이 되는 것, 갖가지 자신들이 원하는 것이 이루어졌을 때, 성공이란 말이 나올 것이다.

남들이 하지 못한 것을 해냈을 때 성공했다 한다. 성공의 종류는 다양하다. 수천수만 가지가 있다. 남들에게 받기만 하는 사람보다 남들에게 베풀 수 있는 사람이 마음도 편하고 즐거울 것이다.

성공은 거창하고 큰 것만 성공이 아니라, 주변 사람들에게 편안한 마음을 줄 수 있는 따뜻한 마음을 지닌 사람, 진심을 다해 집중하는 일이 이루어졌을 때, 성공한 사람이라 말한다. 진실한 마음과 꾸준한 노력이 필요하다.

100세 시대가 와 있다

과거 어렸을 때 50~60세 정도면 극진히 어른 대접을 해드렸으며 수명도 짧았다.

요즘은 70~80세가 노인정에 가시는 줄 알고 있다. 불과 10여 년 전과 달리 100세들이 급증하여 노인 연령이 상승한 것이다.

앞으로 미래의 노인이 될 40~50대 사람들도 노후 대책을 세워야 하는 시급한 문제다.

수명이 길어 노인들의 수가 많이 늘기에, 지금 80세 가까운 사람도 마음만은 50~60대의 생각으로 살아가고 있다.

3

봄 · 여름 · 가을 · 겨울

입춘

입춘이 머지않아
추위가 없을 줄 알았는데
늦추위가 계속된다.
아직 겨울이 남았는가 보다.

산골짝 얼음덩이 쌓여 있는데
입춘이란 말 한마디에
온몸은 따뜻함을 느끼고
봄이 왔는지 화기가 감돈다.

집집마다 대문에
입춘대길 붙어 있으니
인간 만복이 이날부터
찾아오는가 보다.

꽃과 나비

아침 햇살 받은 꽃들은
해님 보고 환호소리

실바람 살며시
꽃잎 어루만지며 인사하네.

꽃들 저마다 시새워
나비 부르고

벌들은 꽃향기 찾아
흥겨워 모여들고

새들의 지저귐은
무엇을 말하는지

꽃이 피는 봄은
이래서 좋은가 보다.

봄꽃들의 잔치와 시샘

 봄이 되면 산수유 노란 꽃이 웃음을 터트릴 때, 연분홍 매화꽃이 질세라 맞장구친다.

 생강나무 노란 꽃 여기도 있다고 큰소리 칠 때, 개나리꽃은 숨도 크게 못 쉬고 고개 숙이다, 수많은 진달래가 벚꽃과 맞서려고 달려든다. 벚꽃이 놀래 꽃잎을 순식간에 흰 눈처럼 휘날린다.

 그러자 진달래가 승자라고 버틸 때, 복사꽃 살구꽃 많은 꽃들이 공동으로 달려오고, 배꽃이 하얀 웃음을 터트리며 천사인 양 깨끗한 마음으로 선보인다.

 진달래는 사촌형 철쭉꽃에 인계하고, 먼 길 떠날 준비를 한다. 잔치는 현재도 진행중이다.

민들레의 슬기로운 번식

민들레는 사계절 슬기롭게 번식률도 강하다. 봄부터 화려한 꽃과 잎새가 사람들의 마음을 사로잡아 아름답게 느껴질 수 있게 유혹한다. 특히 잡풀이 없는 아무데서나 틈만 있으면 살아가는 민들레꽃도 순차적으로 아름답게 피고 또 피지만 씨앗도 낙하산 타고 엄마의 지시에 의해 바람 따라 배치된다.

아무리 좋은 자리라도 바람에 실려 떠나야 한다. 아무리 싫은 자리라도 바람이 멈추면 내려야 한다. 흙냄새를 맡으며 살아야 하기 때문이다.

벽돌이나 보도블록 사이라도 틈만 있으면 살아야 하는 사명감, 세상에는 많은 어려움이 있어도 끈질긴 노력으로 살아남기를 바라는 엄마의 교훈이 민들레들의 사기를 돋운다. 뿌리를 깊이 내리지 못하거나 물이 없으면 잠시 멈추었다가 조금씩 생명을 유지한다. 엄마의 당부에 잘 실천하는 지혜가 있다.

계절 잊은 개나리

엄동설한 강추위 속에서
몸부림치던 날,
봄바람 먼저 찾아와
꽃부터 선사하고
길가에 노란 개나리
진달래와 경주하는 사이
잎은 서서히 늦장을 부렸는가.
삼복더위에는 녹음으로 장식하고
가을을 향해 달리더니
찬서리 내리고 눈보라 휘날리는
대설에도 갈 길을 잊었나!
양지바른 언덕에 개나리꽃
살짝 나와 염화미소를 짓는다.
묻고 또 물어봐도
소리 없이
웃어 보이네.

송홧가루

푸른 산골짝마다
오월이면 어디에서나
부연 연기처럼 펼쳐 있네.
맑은 물 속에 파란하늘마저
곤두박질 칠 때
이것만은 막아보려고
송홧가루 물 위에 펼쳐 있다.
구름도 살며시
햇살 가려 보려고 왔지만
심술궂은 바람 때문에
말없이 사라져 가고
남은 건 아카시아 꽃향기가
꿀벌들을 즐겁게 하네.

미루나무

언덕 위 우뚝 솟은 미루나무
세차게 불어온 바람소리
미루나무 잎새 연주자 되어
내는 명쾌한 소리
어느 악기인들
이 소리 흉내낼 수 있을까?
바람에 부딪치는 묘한 소리,
다 들을 수 있을까
팔 벌려 미루나무 껴안으면
몸으로 옮겨지는 그 명쾌한 소리
아—
그 묘한 바람소리.

날아가는 산새

푸른 산속을 헤엄쳐 다니는 산새들
차가운 바람 위를 유유히 난다.

바람결에 떨어지는 낙엽들은
갈 길을 잊었나,
나무 밑에 차곡차곡 쌓여
봄을 맞는 나무 밑 온기 속에서
나뭇가지 새움 돋아날 준비를 한다.

해 뜨는 낮과 지새는 밤의 별천지
그 속에서 새들은 나름대로
끝이 안 보일 때까지 지칠 줄 모른다.

우산

오랜 장마에
비바람 불던 날
우산과 씨름을 한다.

옷은 다 젖어도
우산이 다칠까봐
바람을 달래려고 애를 쓴다.

심술궂은 비바람
더욱 세차게 불어와
우산들을
먼 곳으로 날려 버리네.

상처 난 우산은
어디서 울고 있을까!

소나기

멀쩡하던 하늘에
시커먼 구름 모여들어
갑자기 어두워졌다.

하늘이 무너지는 천둥소리
번개 빛이 스친다.

하늘이 토사곽란이 났나,
퍼붓는 소나기에
시냇물은 흙탕물 되어
세차게 내달린다.

여름날 한순간의 만남,
당황스런 날씨다.

매미 소리

무덥던 삼복더위
나무 그늘 찾아가고
시원한 숲속에
매미소리 요란한데
무슨 사연 그리도 많아
목을 놓아 우는가.

울다보면
눈물이 마르도록
여름이 갈 것인가.

괴로울 때 목메어
울어대던 날
기쁨도 슬픔도 괴로움도
산만하게 교차하던 그날,
슬픔을 보일 틈도 없이
울어주던 매미여!

매미의 울음

서늘한 나무 그늘 속에 슬피우는 매미, 매미라고 다 우는 것은 아니고 수매미란다. 구슬피 우는 것은 암매미를 유혹함이란다.

도시 근처에서 울고 있는 매미들은 밤낮이 없다. 전등불이 환하기에 계속 울고 또 운단다. 칠년 고행 끝에 한 달 남짓 살기가 억울하여 마냥 울고 싶은 것이라면 계속 울어보렴.

매미는 울어도
고촉사 불경소리는
더욱 더 높아간다.

햇빛

가을 내내 웅크려
핏기 없는 모습이
불쑥불쑥 방안에
고개 쳐들던 햇살.

낮이 길어지면서
이제 들어올 생각조차
잊었나보다.
늦장 피는 걸 보면
노숙할 정도로
날씨가 풀렸나보다

가던 길을 잊었는지,
햇빛에 물어보자
아카시아 꽃이 피면
향기 따라 가출한다.

삼복더위

　요즘은 더위 속에도 많은 꽃들이 핀다. 봄처럼 종류도 많아 봄날을 연상하게 한다. 꽃도 수명이 길어 오래도록 있다가 피고 진다. 더위를 피하기 위해 바다도 가고 산에도 오른다.

　산에 오르는 사람들은 옷을 흠뻑 적신다. 뭉게구름 피어오르고 서늘한 나무 사이 구슬피 우는 매미들 때문에 마음도 시원하다. 멀리 푸른 들판 벼들도 마디가 하나씩 생긴다.

　삼복더위 속에 농촌의 바쁜 일손 한가할 때면 시냇가에서 더위도 씻고 물고기 잡아 매운탕 만들어 나눠먹으며 쇠약해진 몸 보충하려 삼계탕 보신탕 보양식 자리매김한 지도 오래다.

가뭄 속에 단비

긴 가뭄 끝에 내린
반가운 비를 맞으며
좋아하는
나무들의 모습이다.
메마른 땅에 내린 빗물은
약수처럼 소리 내어 흐른다.

하늘만 바라보던
천수답도 늦게나마
단비가 내려 모내기한다.
여유 있게 삶을 이어가던
날짐승도
목욕을 하고 날아갔다.

비 오는 여름

비가 와도 보문산 고촉사
등산하시는 분들은
하늘에서 가늘게 내리는 비를
우산도 펴지 않고 일부러 맞는다.

무더위 속에 땀이 몸에 배어
이마에 땀방울이 연신 흐른다.
비탈길 오르는데
숨이 차고 발걸음이 느려진다.

빗길이 조심스럽다.
'회장님!' 가벼운 인사,
은은하게 들려오는 염불소리,
오늘도 하루해가 저문다.

나무 그늘의 고마움

예전엔 부채 하나로
더위를 쫓기 위해
정자나무 아래 모여 삼복더위를 피했다.
모시옷 삼베옷 차림에
멍석 위에 누워
부채질 할 때
시원스레 울어주던 매미 소리가
더위를 몰아냈다.
등목을 하면 등줄기를 타고 흐르는 물이
종일 지친 몸을 달래주곤 했다.
모깃불을 피우고
대청마루에 누우면
앞 논에 개구리 맹꽁이 울음소리가
밤하늘에 울려 퍼졌다.

까치밥

아담한 뒷동산에 울창한 나무 사이로 산짐승들이 거닐고 뭇새들이 푸른 하늘 높이 날아오른다. 밤하늘 별들이 반짝일 때 부엉새 산마루에서 울어주던 기억은 점점 멀어져 가는데, 길조로 알려진 까치가 문전에 와 울어주면 귀한 손님이 오시려나, 생각하며 좋은 날인 줄로 생각하였다.

까치는 집을 지을 때, 짧은 나무토막을 골라서 하나하나 물어다 적재적소에 잘 쌓아 올린다. 까마득한 둥지에 하늘을 담아놓고 깟깟 놀러오라고 자랑을 한다.

까치는 열매도 예쁘고 맛 좋은 것만 골라먹는다. 한편 생각하면 괘씸한 생각도 들지만, 그래도 나는 감나무마다 하나 둘 남겨놓은 것을 까치밥이라고 특별대우를 해주었고, 까치가 높은 곳에서 집을 짓고 있는 것은 많은 천적들이 해칠까 보아 높은 곳에 자리를 잡았는가.

비바람 몰아치고 눈보라 휘날려도 무너지지 않는 집이 염려되어 자주 바라보지만, 마음은 화롯가에 엿 붙여놓은 느낌이다. 뱀들이 올라가 해칠지 모르기 때문인가. 새벽하늘 허공을 나는 너의 모습은 계절 따라 변하는 것인가.

여름에 활기차게 날던 모습은 어디다 두고 세상이 무상함을 말해주듯 세차게 휘날리는 눈보라를 헤쳐 가는 너의 모습은 밤하늘 어둠을 헤매는 것 같아 너무나 애처로워 바라본다. 흐르는 세월 속에 따뜻한 봄날 활기찬 모습을 생각하며, 사람들에게 좋은 소식 전해주기를 기대한다.

오동잎

오동잎이 떨어진다.
순한 양처럼 보이지만 잎이 풍성하다.
잎은 커서
다른 나무 잎들과는 어울리지 않는다.
시골 동네 어귀나
야산에 드문드문 자리 잡고 산다.
딸이 장성하여 출가할 때
가구를 만들려고 오동을 심었다.
오동은 벌레를 먹지 않고
가볍고 쉬 자란다.
오동은 잎이 지면 근방이 휑하다.
다 버리고
다 놓아 버리고
의연히 서 있는 오동의 모습은
공법(空法)을 설(說)하는 부처님이다.

가을과 낙엽

봄의 따듯한 햇살 속에
꽃은 피어나고
가을바람 속에도
꽃들이 피어 찾아온다.

여름철 녹음 속에 찌들었던 나무들, 삼복 불볕더위에 시달린 나뭇잎, 가을이 되면 형형색색 오색 빛으로 아름다움을 간직하고 겨울을 준비하며 산길을 헤맨다.

비바람에 휘날리다가
나무 밑에 쌓여 쓸쓸한지,
겨울 추위를 피해
골짜기로 굴러간다.

낙엽 속의 사연들

물기를 머금고
추운 겨울을 준비한다.
새떼들이 날아 앉듯
조용히 흔들린다.

발길에 밟히는 낙엽, 자신을 아름답게 물들인 사계절 속에 많은 사연들이 낙엽에 담겨 휘날린다. 인간들이 일평생 쌓고 쌓은 일기장들을 낙엽 속에 담아 형형색색으로 전하는가!

못 다한 사연을 남기고
희망을 전한다.
절망하지 않고
다음해를 기다린다.

가을은 만물이 번식하는 계절

가을에 산과 들에 가면 갖가지 나무나 풀들이 열매와 뿌리로 번식을 위하여 많은 준비를 하고 있다.

열매들은 잘 익어 씨앗을 만들어 번식하는가 하면, 뿌리로 번식하는 종류도 많다. 식물들은 바람을 이용하여 씨앗을 날리거나 동물들의 몸에 묻어 퍼트린다.

곤충들은 갖가지 색다른 교미로 알을 낳아 겨울 동안 땅속이나 나무에 집을 지어 잘 보관하여 봄이면 애벌레가 되어 번식이 된다.

모든 생물들이 봄에 새싹이 돋아 힘찬 출발이 시작된다. 이리하여 갖은 노력 끝에 가을에 결실을 보는 것이다.

눈

너른 들판
휘날리는 떡가루
차별 없이 고르게
내리는 눈처럼
온 세상 하얗다.
내 마음도 하얗다.

온 세상 소외된 사람
모두에게
사랑과
온정의 손길
부처님의 자비 광명을
빌며 손을 모은다.

겨울 추위

겨울 날씨 치고
더운 날 계속 되더니,
이대로 겨울이 지나는가 싶더니,

갑자기 내린 함박눈
앞을 분간 못하도록
차분히 쌓여만 가고
이십여 일 강추위
이제는 심한 사온도 없어졌다.

눈 쌓인 산사길
푸른 대나무
강추위에 놀라 벌벌 떨며 우네.

빙판

 엄동설한 얼음이 얼면, 아이들은 즐거운 함성, 썰매도 타고 팽이도 치다보면, 시간을 잊어버려 땅거미 진다. 물에 빠진 아이들 모닥불 피어놓고, 젖은 옷 말리느라 밤이 깊다.

 얼음판에서만 타는 줄 알았던 것이 도로 위에 빙판이 되면 미끄러지지 않으려 안간힘을 쓰는데 사고로 이어질 수 있다. 서로 조심 하지만 차는 제멋대로 마이동풍 때와 장소에 따라 희비가 교차한다.

 빙판에서 경주하는 선수들 앞서거니 뒤서거니, 서로 우승을 향해 달리는 모습들, 타고난 슬기의 시험 무대인가. 우승하면 하늘을 날 것 같고 못하면 괴롭고, 불안한 마음 다음 기회를 위해 노력하여 멀리 바라보는 평창 동계올림픽.

나무들은 눈을 무서워한다

뿌연 세상, 안개처럼 내리는 하얀 눈가루, 어느새 산천초목은 하얀 눈으로 변했네. 길을 자주 쓸며 뒤돌아보아도 별 표시는 없네.

눈도 비도 아닌 그 무엇이 나뭇가지에 앉아 나무들은 하얗게 부어올랐네. 이산 저산 분간 없이 눈 속에 묻혀 버렸네.

하얀 눈 속에 나뭇가지들은 부러지고, 쓰러져 버렸네. 부드러운 눈도 뭉치면, 큰 힘이 되고 녹으면 힘없는 물이라네.

물도 얼면 무쇠처럼 단단한 얼음덩이, 이 세상 모든 이치가 계절 따라 변함이런가. 봄이 오면 새싹이 돋아 푸른 산이 되는구나.

강추위 폭설 속에도 봄은 온다

빙판길 얼음 위에 넘어져
골절상 입은 환자가
병원마다 북새통이다.
긴 겨울 산골짜기마다
쌓인 눈더미
'입춘이 지나면 봄눈 삭듯 한다'는 말
동장군 기세가 당당해도
계절만은 알아본다.
새들도 아침 일찍 벌레를 잡아먹지 않는다.
장소와 때에 따라 생물은 움직인다.
봄은 남에서부터
북으로 올라가기 때문에
아름답게 피는 꽃도 한 번에 핀다면
별 의미가 없겠지만
열매를 맺는 계절에도
아름답게 끝을 맺는다.

눈 위를 걷는 인생의 긴 여정

가정형편에 따라 본인의 실력에 따라, 변해가는 과정에
소도 보고
말도 보리라.

여름에는 폭염과 모진 폭풍우 몰아치며, 겨울에는 혹한 속에 눈보라치는 언덕길을 걸으며, 세상살이 원망할 때도 많으련만, 세상사 즐거울 때와 슬플 때 괴로운 날을 뺀다면 남은 것은 무엇이랴!

'콩 심은 데 콩 나고 팥 심은 데 팥 난다'는 말같이 빈손으로 왔다가 빈손으로 가는 무소유, 이 세상을 빌려 살고 있다가 돌려주고 가는 인생, 그동안 마음으로 지은 삶의 빚을 수없이 짊어지고 간다.

하얀 눈 위를 걸어간다면 마음도 하얗게 표백이 되어 갈 것이다.
짊어지고 가지만
무게는 없다.

무병장수

　이십여 년전 60세면 노인들의 황혼기로 여겼던 때와는 달리 지금은 70~80세가 중년층으로 되어가는 시대가 열렸다.

　이제 100세라는 말들이 보통으로 생각하는 날이 머지 않은 것 같다. 80세 중반에 접어든 노부부가 기다리고 기다린 손자 김윤중 탄생 소식.

　고촉사 불자님들도 기쁜 마음을 나눈다. 꽃보다 아름다운 포옹의 기쁜 축복 속에 100세 되는 때면, 13세가 되어갈 어엿한 중학생이 되겠지.

　건강하고 튼튼하게 잘 자라 훌륭한 사람이 되어주길 합장하는 불자님들이 감사하여 손을 모은다.
　관세음보살,
　관세음보살!

4

꿈이 있는 사람들

구름

바람이 불면
구름은 덩달아 따라간다.

비행기조차
구름 위로 숨었다가
다시 날아서
저 멀리 가고,
해는 구름 속에
숨었다가 가고,
달도 구름 따라
숨어 버리네.

내 마음 바람 따라
어느덧 구름이 되어 흐른다.

시간은 멈추지 않는다

시간은 거꾸로 가는 법이 없다.
세월이 간다는 것은
만물들이 점점 늙어서
결국에는 죽게 된다는 것이다.
늙음을 한탄하며
시간이 거꾸로 흐른다면
감당하기 어려운
비극을 초래할 수도 있다.
자연의 순리에 따르는 늙음이다.
때가 되면
미련 없이 떠나는 낙엽처럼
시간은 멈추지 않는다.
우리 시간은 거꾸로 가지 않는다.

나무를 보며

못생기고 보잘 것 없는 나무가
예부터 산을 지킨다.

서 있어도 뿌리로 잠을 자기 때문에
나무들은 누워 있을 공간이 없다.

세상 사람들은 나무의 중요함과
쓰임에 따라 행복감을 느낀다.

정원수 가로수 산을 바라보는 행복
등산하는 분들의 즐거운 모습들

산의 모습과 토양의 질에 따라
성장과정이 다르다.

모두가 환경에 맞춰 살아가면
마음이 맑아지고 정신이 상쾌하다.

철새들

철따라 오고가는 별난 새들, 겨울이 지나기 전에 찾아오는 철새들, 금강하구 갈대밭 중부 하구 갯벌은 새들의 잔치, 먹이가 풍부한 철새들의 서식지 몰려온 철새 40여 종, 뉴질랜드에서 1만 킬로미터 날아오는 흑꼬리 도요, 봄에 알을 낳기 위해 날아온 많은 종류의 철새들, 여름을 지나 가을까지 새들의 보금자리, 겨울을 피하기 위해 날아간다. 해뜨기 전과 해질 무렵 가창 오리떼 하늘을 수백 마리가 날지만 충돌사고는 없다.

세계에서 가장 속도가 빠른 새는 순간속도 240킬로미터인 칼새다. 천연기념물로 가장 큰 독수리 멸종위기 황조롱이, 큰고니 황새 백로 왜가리 숫자 많은 청둥오리 등등 새들의 이동은 추위와 더위를 피하기 위해 골라가며 산다. 새들은 높이 날며 바람을 피할 수 있고 멀리 갈 수 있는 튼튼한 체력이 있다. 이치는 동일하나 크고 작고 빠르고 느리고 철 따라 움직이는 모습과 속도가 다르다. 새들의 희망은 행복한 보금자리이다.

바위틈에 걸린 소나무

나무들은 천차만별,
산의 형태에 따라 살아간다.
흙과 돌 바위와 물 여건이 맞지 않으면
고생하며 산다.
눈이 많이 내려 무성하게 자란 소나무
눈 무게, 바람 앞에 가지가 부러지지 않으면
통째로 뿌리째 넘어져 죽는다.
자연의 힘은 감당하기 어렵다.
그 무섭고 추운 겨울이 지나
봄이 되니 먼저 알려주는
꽃봉오리가 선을 보인다.
높은 바위틈에 걸린 소나무는 수십 년에도
2미터도 못 자란다. 앙상한 세월 속에
가뭄과 장마 폭설과 비바람 이겨내며
바위 틈새에 매달린 의지가 강하다.
앞으로 몇 백 년을 바위와 싸우며 살아갈지
과거와 현재와 미래가 보인다.

마음 속

마음을 넓게 가지면
한없이 넓지만

좁게 쓰면
바늘구멍보다 더 좁다.

사람을 보려거든 겉만 보지 말고
마음속을 들여다보려므나.

짧은 세월이라지만
길고도 멀기만 한 인생

그러나 세월이 흐르면
후인들이 평가하리라.

대보름 윷놀이

우리 고유의 풍속에
음력 대보름날에 잡곡밥도 해먹고
널뛰기 연날리기 제기차기
윷놀이 남녀노소 모두 모여 편을 나누고
돌려가며 윷을 던져
앞서고 뒤서고 잡히고
말 4개가 먼저 윷판을 나간 편이 이긴다.

규칙은 양쪽 편이 합의하여 정한다.
술내기 돈내기 밥 사주기
골고루 정할 수 있다.
주로 가족들이 함께 노는 놀이기도 하다.
많은 사람들이 있을 때는
밖에서 놀지만
인원 적고 눈이 오면 방에서도 논다.

일기장은 지난날의 추억

일기장을 넘기다 보면 지난날의 추억에서
빛바랜 사진을 보는 것과 같다.

분주한 생활 속에 걸음을 멈추고 생각하면
거울 속의 내 얼굴을 들여다보는 느낌이다.

소중한 시간을 보낸 세월 속엔 지난 일들이
가을 추수가 끝난 들판에 버려진 이삭들처럼
줍지 않으면 썩어 버리는 느낌이 든다.

달 밝은 가을 밤 울 밑에 귀뚜라미 울음소리
겨울이 다가옴을 알리듯 일기장도 많으면
그만큼 세월이 흘러가고 있다는 것이다.

흐르는 물이 웅덩이를 채운 다음 흘러가듯
우리 인생도 멈추지 않고 가고 있는 것을.

꿈이 있는 사람들

누구나 희망과 꿈이 있을 것이다.
그것을 실천하려면 말로만 그치지 말고
노력을 하여야 한다. 꿈을 실천하는 과정에
뜻대로 잘되는 사람들도 많지만 마음대로 안돼
갈팡질팡 흔들릴 때 명쾌한 답은 없는가?

대수롭지 않은 일로 무심코 지나치다 보면
낭패되는 경우가 있다. 지나온 일들을
반성하며 마무리하는 것도 지혜로운 결정이다.
내 곁을 떠나는 사람들 그 마음은 어떨까?
모든 것을 이해 못하고 서로 의견 차이가 크다.

내 마음부터 비우고,
모든 것을 이해하고
받아들여라.
그러면 내 마음이 편하면서
모든 일들이 순조롭게 이루어질 것이다.

정직하고 성실하게

누구나 행복하고 잘 살기를 원한다.
자식들이 잘되게 하기 위해 노력한다.

본인들은 고생이 되어도 아들딸만은
좋은 학교를 나와 출세하기를 바라는 마음
도리에 어긋나는 일까지 하면서
권력과 금전으로
본인들이 원하지 않는 것도
강제로 시킨다.

재능에 맞게 할진대
재수 삼수까지 하며
대학에 들어간다 해도 능력 부족으로,
자식과 부모 간에 갈등이 생기는 일도 있다.
모든 것은 정직하고 성실하게
그리고 능력에 맞게 살아야 한다.

효도하는 마음

자식에게 대우 받으려면 부모님께 효도하라.
자식들도 본받아 실천할 것이다.
행복이란 다정한 화목 속에 진실을 보여야 한다.
아이들의 모든 행동은 가정의 안정적인 교훈이
훌륭한 인재를 길러낼 수 있다.
부모가 불성실한 가정의 아이들이
사회에서 인정을 받지 못하면
불량한 아이들과 어울리는 문제의 원인이 된다.
현 사회는 물질만능, 현실 속에서 보고 듣는 것이
달콤한 충동을 일으켜 문제의 원인이 되고 있다.
선생님을 가볍게 알고 존경을 않는가 하면
부모나 어른들의 말씀을 귀담아 듣지 않으며
가볍게 흘려보내는 현실이다.
자녀들을 많이 두지 않아 키우다보니
교양이 없는 탓이다.

세상을 지배하는 힘은 교육이다

두세 명이 사는 핵가족 시대가 아니라 대가족이 모여 생활하는 시절에는 사람다운 사람을 길러냈습니다.

어느 집을 막론하고 자기 집에 해가 되는 행동은 하지 않았습니다. 어느 집 자손이 나쁜 짓을 했다면 부모는 자식을 꾸짖어 사람다운 사람으로 만들었습니다.

대자연은 훌륭한 학교와 같습니다. 산에서는 경건함을, 들에서는 풍요로움을, 바다에서는 위대함을, 하늘에서는 광대함을 배울 수 있습니다.

사회에서는 협동정신, 교회에서는 사랑, 사찰에서는 자비를, 대자연 속의 삼라만상은 우리의 스승이고 교과서입니다. 우리 인생살이가 공부였습니다.

말과 글은 인간의 길잡이

말을 잘하면
천냥 빚도 갚는다는 말이 있는데
말을 잘못하면
죄 없는 사람 목숨을 앗아간다.

진실한 말은
죽어가는 사람도 살리겠지만
거짓말은
좋은 사람도 나쁜 사람을 만들 수 있다.

글을 잘 쓰면
모든 사람이 즐겨 읽을 수 있지만
말 잘못하면
많은 사람들로부터 지탄을 받는다

말과 글은
인간을 행복하게 하는 등불이 되리라

말 한마디 칭찬이 행복을 만든다

옛날 가난한 시절
일은 많고 대가족일 때
시어머니와 며느리 사이에
갈등이 잦은 것은 환경의 영향이 컸다.

서로 의견이 다를 뿐만 아니라
고달픈 생활 속에 일어나는
말 못할 괴로움이
마음속에 가득했기 때문이다.

시속의 변화에 따라
문명한 요즘은
마음의 여유 있어
고부간의 갈등이 없다

좋은 말 한마디가
마음을 편하게 하고
칭찬 한마디가
행복을 느끼게 하는 원동력이다.

머리카락의 일생

누구나 젊었을 때는
머리카락이 검고 숱도 많았는데
사십대가 되면서
사람마다 변하는 머리 모습.

오래도록 보존하는 사람도 많으련만
오늘도 헐렁한 머리카락
가위 든 이발사는
조심스레 손을 움직이고

소리 없이 떨어지는 머리카락
이발사는 같은 솜씨련만
떨어지는 색깔은 다르다.
마음까지 다르다.

사진의 변천

사진은 과거를 되살려 현실을 그대로 깨닫게 하는 길잡이다. 사진은 좋고 나쁘고 그대로 옮겨주니 사진 속에는 거짓이 없다.

호랑이는 죽어서 가죽을 남기고 사람은 죽어서 이름을 남긴다는데, 사진도 더불어 한몫을 한다. 이 세상 어느 곳에서나 모든 것을 알려주는 뉴스의 길잡이다.

합성하면 한 물체가 여러 형태로 나타나는 기적적인 현상, 문화의 혜택에 따라 새로운 형태로 즐겁고 행복한 뉴스다.

꿈과 성공

가는 세월을
마음은
보내려 하지 않는다.

꿈은 항상 하고자 하는 일을
간직하기 때문에
미리 준비한 사람들 하는 일에
실수가 없듯이
굳은 결심 앞에 꿈도 야무지겠지.

성실하게 실천하는
사람에게
성공은 반드시 따른다.

기념일

이 세상 모든 사람들
각자 정해진 기념일이 있다.

각 나라마다 기념일이 다르다,
각 가정마다 기념일이 다르다.

경건한 마음으로 위로도 하고
그날을 축복도 하리라.

추억

어렸을 때 살던 고향은
푸른 추억 갈피에 있다.

낮에는
시원한 나무 그늘에서 매미들이
번갈아 울어주어 더위가 물러가고

밤에는
별들이 반짝이는 하늘아래
풀벌레 개구리 맹꽁이 울음소리가
밤하늘을 가득히 채워 나갔다.

시냇가에서
멱 감으며 고기 잡아
신발 속에 넣어두고
모래밭에서 달리기하던 시절이
사진처럼 아련하다.

가난은 죄가 아니다

윗물이 맑아야 아랫물도 맑아진다.
옛날에 선비들은 굶주리면서
찬물을 마시고
이를 쑤셨다고 하는데
시대가 변천하면서
문화가 발달한 요즘은
잘 사는 사람들이
세상을 지배하기 때문에
털면 먼지 안 나는가.
가난은 죄가 아닌데도
자신을 잃어 용기가 없다.
책임감을 가지고 일을 해도
존경을 받지 못하는 세상이 되었다.
좋은 일 하면서
천대받는 괴로움 누가 알아줄까.
모두의 이익을
정직하게 구하는 지도자가 그립다.

동방예의지국

'충신들이 많이 나온 충청도 양반' 아직도 나의 귓가에 맴돈다. 조선시대만 해도 동방예의지국으로 칭송받던 우리나라가 현재 잘 살고 문화가 발달된 이때에 부모님들을 제주도 구경시켜드린다며 모시고 가 떼어놓고 오는 숫자가 많다는 말이 떠돌 때 참으로 부끄럽고 슬픈 일이다.

옛날 대가족일 때도 아침 문안 인사를 어른께 드렸으며 하루 할 일들을 상의하며 화목하게 지냈다. 그러나 황금만능시대가 되면서 사람들은 자기들이 늙지 않고 영원히 젊을 줄 알고 부모님의 은덕은 만분의 일도 못 갚는 인생이기에 늙은 부모를 외면하는 것은 짐승만도 못하다는 생각은 잊어버린 현실이다.

요양시설이 급격히 늘어나는 것은 자신에게도 영향이 있으리라는 생각을 못한 것이다. 다문화가족이 많이 늘고 있는 이때에 착하고 아름다운 인간으로 살아가기를 바라는 마음이 간절하다.

삶이란

모든 결과는 노력에 따라 맺는다.
조그만 일들이 마음을 변화시켜
크고 좋은 일들만 골라하려 한다.
즐겁게 사는 그때가 가장 행복한 것
삶의 고통은 언제나 자연스러운 현상
괴로움은 뜬구름 속에 실어 보내고
살아있는 순간에 삶의 주인이 되라.

수준에 맞게

지나친 과욕은 화를 부른다.
힘도 없는 사람이
큰 바위를 들 수 없듯
아무 것도 모르면서
아는 체하지 말며
세속의 욕망을 버리지 못하고
허세를 부리면
결과는 물위에 기름처럼
겉돌기 마련이다.
겨울에 나무는
초록의 싱그러운 꿈을 펼치다가
화려한 단풍 옷을 갈아입고
떠나야 하듯
자신을 비우는 삶은
참으로 아름답다.

누구나 타고난 특성이 있다

사람은 누구나 타고난 소질이 있다.
야구선수는 공을 잘 맞추어야 하며
가수는 노래를 잘 불러야 인기가 있듯이
마라톤 선수는 끝까지 완주하여야 한다.
시인은 시를 잘 써 호감이 있어야 한다.
우리나라 아리랑은 지역적으로 다르면서도
고장의 애환이 서린 고유의 특색이 있다.
유네스코는 아리랑이 세대를 거쳐 재창조 되고,
한민족의 정체성 형성에
중요한 역할을 한다는 것을 높이 평가한다.
우리나라는 판소리 등
15건의 인류무형유산을 보유하고 있다.
앞으로 고유의 특징을 캐서 만들고 닦아
좋은 유산으로 만들고 싶다.

손수건과의 인연

사업상 열차 타고 찾은 낯설은 땅 부산, 갈 곳이 없어 정처 없이 걸었다. 부산역에서 동래온천까지 40리가 넘는 먼 길을 무작정 걷다가 다시 돌아온다. 용두산 공원에 올라 부산 앞 넓은 바다, 배들이 떠있는 모습은 한 폭의 그림 같고, 눈앞에 비둘기 떼들이 바쁘게 먹이를 주워 먹는 모습들은 생존 경쟁의 연습인가.

부산국제시장 손수레 잡상인에게서 손수건 산 것이 인연이 되어, 같이 식사도 하고, 소주잔을 나누면서 다정한 친구처럼 지내다. 낯설은 타향에 아는 사람이 있다는 생각에, 마음에는 흐뭇한 인연이 돼 부산에 가면 먼저 아줌마부터 찾았다. 사업장 소개하고 부산 실정도 알려주며 숙소도 알선하여 주었다.

부산에 갈 때에는 서로 전화 연락하며 수년간 알고 지냈으나 사정에 의해 아들 따라 미국에 간 후 연락이 끊겼다. 지난날 서로 손잡고 반가워하며 환하게 웃어주던 날씬한 몸매와 미모의 얼굴이 눈앞에 스친다.

아는 것이 힘

 모든 것을 글로 남기고 싶지만 아는 것이 많지 않으니 기록할 자료도 없다. 많은 책을 읽고 싶지만 8학년이 가까우니 머릿속에 머물지 못해 기억이 나지 않는다.

 지금도 컴퓨터에 모든 자료와 사진을 올리고 있지만, 입력하다 보면 화면이 바뀌거나 시간이 지나 저장이 되지 않는다고 할 때는 당황스럽다. 아무 것도 모르는 입장에서 여러 사람에게 물어가며 배웠으나, 그래도 모르는 것이 많아 답답하다.

 몇 날 며칠을 기다려 주말에 등산하러 오고가는 사람들, 특히 학생들에게 물어서 겨우 해결할 때도 있다. 다양한 프로그램을 배우러 학원도 가고 싶지만, 시간의 여유가 없다. 시도 쓰고 있지만, 언제쯤 작품다운 시가 나올지 예정하기 어렵다.

예절 바른 노인들

나무그늘 의자에 앉은 노인들
흰머리가 줄을 이루고
어렸을 때는 자신들도
손자 손녀로
귀여움 받고 자란 때가 있으련만,
세월을 붙잡지 못하고
흘러간 한세대
그래도 예절 바른 노인들
그때 그 시절
세월의 무상함을 말해주고
이제는
젊은 사람들이
문명의 혜택에 활기찬 희망을 안고
달리는 모습을 지켜보고 있다.

말 못하는 짐승도 알아듣는다

집에서 키우는 개가 먼 데서 나는 발자국 소리만 듣고도 주인을 알듯이, 고양이도 매일 보는 사람을 길에서 만나면 얼마간 보고 서 있다가 길을 돌아간다. 새들도 먹이 주는 사람의 목소리를 듣고 날아와 먹이를 먹는다.

옛날 황희 정승과 논 갈던 농부의 대화에서도 알 수 있듯이 소가 알면 서운해할까봐 귓속말로 대화를 나누었다. 소를 잃은 주인의 절박한 하소연을 들어준 고을 원님의 지혜도 아름답다.

소도둑은 며칠 전 우시장에서 사온 소라고 우겨대었다. 소를 잃은 주인은 자기 소라고 주장하였다. 말 못하는 소에게 물어 볼 수도 없어 시비를 가리지 못해, 원님에게 재판을 받게 되었다.

원님은 쟁기를 소에게 메어 자기 소라는 사람에게 부려 보도록 하였다. 소고삐를 힘껏 당기며 고함을 치고 회초리로 등짝을 치며 끌었지만 소는 꼼짝도 하지 않았다.

그러나 소를 찾으러 온 농부는 고삐를 편안히 잡고 '앞으로 가시오!' 소는 뚜벅뚜벅 걸어간다. '서시지요!' 소가 선다. 원님이 사연을 물었다. 소를 길들일 때 아버지가 앞에서 고삐를 잡으시기에 부모님께 존대할 수밖에 없어 존대를 했다고 하였다. 소도 그대로 알아들은 것이다.

칭찬과 행복

집안에 글 읽는 소리와 웃음소리가
담장을 넘어야
잘 되는 집안이라고 했습니다.
가장 큰 행복은 웃으면서 사는 것입니다.
헛된 욕심은 버리고
매사에 좋은 마음으로
살아간다면 행복은 자연히 올 것입니다.

1960년대만 해도 대가족이었던 우리나라는
비록 가난했지만
정을 나누며 인심도 좋았습니다.
그러나 서구식 경제발전에 따라
돈에 초점을 맞추다보니
이웃들과 무관심으로 거리가 멀어지면서
인심이 각박해져 갔습니다.

세계적으로 성공한 부자들의 공통점은
남의 장점만을 발견하여
칭찬을 많이 해주었던 것이

성공의 비결이었습니다.

운동선수가 응원에 힘을 얻듯이
인생을 포기하지 않고 칭찬 한마디로
큰 힘이 되는 것입니다.

모든 사람들에게 가시 돋친 말보다
따뜻하고 정겨운 말로
칭찬을 보냅시다.

낮과 밤

서쪽하늘 붉은 노을 속에 빠져버린 풍선
아침에 햇살은 밝게 비추어 주지만
어둠은 있기 마련이다.

번뇌의 요인은 욕심 때문이다.
남을 미워하지도 애착하지도 마라.
사람은 누구나 허물이 있기 마련이다.

참회하고 용서를 구하면
너그럽게 받아주라.
사과를 해도 용서를 못하는 사람은
마음에 괴로움이 머물러 있기 때문이다.

5

상전으로 모시는 개

껍데기 공약이라도

변화의 물결이 높았던 총선
어느 때보다도 의미 있는 잔치
빈껍데기 공약
부정부패 심판
시냇물이 없어도
다리를 놓겠다는 공약
이제 정치인의 양심에 맡기고
마음에 들지 않아도
우리는 겸허히 받아들여
미래를 꿈꾸는 새로운 역사를
창조해야겠다.
대통령 한 사람이 잘못했을까,
스스로 반성하며
남을 욕하는 마음
이제 바닷물에 씻어 버리고
새 역사를 창조하자.

산마다 시원스럽게 뚫린 길

단풍잎 곱게 물들어 가는 산
이제 높은 산도
깊은 골짝에 다리를 놓아
곧게 길을 만들어
멀리 돌아다니던 길이
이제는 가깝게 다닐 수 있어
편리한 세상
기적이 생긴 것이다.
전국 어디서나
빠르게 다닐 수 있는 길이
만들어졌다.
세상은 이렇게 변하여 가는데
생활고에 시달리는
인생길은 좋은 방안이 없을까.
사막을 걷다보면
발자국이 바람에 묻혀
되돌아 올 때엔 전부 지워져 있듯이
인생길도 새 삶이 되었으면 한다.

역사와 문명

옛날에는 긴 담뱃대 물고
소달구지 타고 다니던 시절이었다.
세월이 흐름에 따라
세상은 변하여
높은 산 먼 길을 돌아가던
때와는 달리
높은 큰바위산을 관통
곧게 뚫린 고속도로
푸른 허공을 날으는 비행기
총알처럼 빠르게 달리는 고속철도
상상도 못했던 일들이 펼쳐지고
불편했던 일들 사라져간다.
그때 그 시절 추억의 그림자,
밝은 내일을 향하여
기쁜 마음으로
편리하고 좋은 세상에서
그 시절을 추억으로 간직한다.

갈등이 없는 사회

화합하는 일에는 너와 내가 없다.
상대편이 한 일은 무조건 잘못이고
내가 한 일은 옳다고 하는
사고방식으로 인해
갈등이 생긴다.
우리는 모든 것을 이해하고
상대방의 의견도 존중하고 노력한다면
갈등은 사라진다.
어른은 어른답게
젊은 사람은 젊은이답게
모든 사람들이 흑백논리를 떠나
각자 분야에서
맡은 일을 성실하고 정직하게
삶을 살아간다면
화합은 자연스럽게 이루어져
다문화시대에 대한민국은
좋은 나라 행복한 사회가 되리라.

인간답게 살기 위해 노력하자

살다보면 계획대로 안 되는 경우가 많다.
목적지에 가야하는 시간에
갑자기 폭설이 내려 차를 몰지 못하고
대중교통 지하철과 버스를 이용할 때
시간 약속을 못 지키는 경우가 있는가 하면,
때로는 어려운 입장이 있을 때가 많다.
사람들은 어떤 삶을 선택하고
인간답게 살아갈 것인가.
답답한 현실 속에서 부모와 자식
두 세대는 재취업을 고민하고
자식세대는 부모 곁을 떠나지 않고 있다.
그래서 결혼 연애 자살 이혼까지 많은
불명예를 안고 있는 나라다.
인간답게 살기 위해서는 현실을 자각하고
모든 것을 이해하고 함께 공유할 수 있는
새로운 사회적 가치창출을 기대한다.

성씨와 본관은 어디신지요?

어렸을 때 어른들은 본관을 주로 묻고
가정에서도 본관을 가르쳐 준다.
특히 혼사가 있을 때면 본관부터 따졌다.
요즘은 환경이 계급을 만들고
빈부격차가 좌우하는 세상이다.
유교사상이 무너진 고리타분한 낡은 시대
혈연적 관계가 무너지고
효의 근본이 흔들린다.
부모를 부양하는 자식도 급격히 줄어들고
부모도 자식에게 의존하지 않으려 한다.
요즘은 젊은 사람들이
길가에서 담배를 피우고
공공장소에서 남녀가 껴안고 있어도
말을 하지 않고 눈을 다른 곳으로 돌린다.
사회가 문란하다 보니 패륜적인 사건들이
하루가 멀다 하고 신문 사회면을 얼룩지게 한다.
성은 부의 핏줄이고
관은 조상의 주거지로
혈통과 지연을 의미한다.

그러나 호주제도가 폐지되어
본관을 따지면 무의미할 정도다.
세계 최초 대전에 있는 뿌리공원은
성(4179개)과 본관의 의미를
되새겨보는 기회를 주고 있다.
족보관은 286개의 성씨들의
족보의 변천과정을 한눈에 알 수 있다.
항렬과 촌수 따지는 법까지도 산교육이다.
뿌리공원은 136개의 성씨별 조형물이
특색 있게 디자인해 시조(始祖)를 기록하고
문중의 유래,
문중 대표 인물들을
후손에게 전하는 메시지 등을 기록해 놓아
자신의 뿌리를 확인할 수 있게 한다.

나이 먹는다는 것

젊은 시절 포부는 어디로 가고 세월이 흐르면서, 생활고에 시달리고 돈을 벌어야 사람 구실을 한다는 마음이 앞선다. 나이를 먹어가는 데는 좋은 말이니 먹지 말라는 말은 들어본 적이 없다. 그것은 자신도 모르게 늙어가고 있다는 것이다.

말은 줄이고 남의 말도 본받을 말은 참고하라.

머리가 비면 고집만 생기고 가치 없는 사람 되어 나이 먹는 게 벼슬도 아닌데 나이 든 행세하지 말자. 말을 해도 듣기 좋은 말을 하면 상대편이 좋아한다. 남에게 베풀 줄 아는 사람이 되자. 내 것이 아까우면 남의 것도 소중함을 알아야 한다.

건강은 마지막 절실한 재산, 잃으면 끝이다.

지구촌 사람

얼굴이 두꺼운 사람, 마음이 간사한 사람, 천차만별인 사람들의 모습은 기쁘거나 슬프거나 괴로워도, 모든 것을 이해하고 어루만져 줄 수 있는 사람과 이해하지 못하는 사람의 차이는 어떻게 말하리오!

깊어가는 가을밤 찬 서리가 앞을 가린다. 엄동설한 강추위에 시달리는 사람들을 포근히 녹여줄 수 있는 마음은 사람들에게 희망을 줄 것이다.

초등학교 운동장에 뛰노는 귀여운 어린이들, 이 나라를 짊어질 든든한 희망이다. 길가에 떨어진 물건도 소중하게 생각하고 하찮은 연필 토막도 얼마든지 좋은 글 좋은 시를 쓸 수 있다. 누구나 따뜻한 마음과 예의를 전하는 길잡이가 될 것이다.

처음 만난 사람과 서로 사랑하고 존중하는 마음, 아무리 어려워도 모두가 힘을 모으면 큰 힘이 돼, 후손들에게 돌려줄 수 있게 최선을 다하면 좋으리. 나이가 들지만 노화의 속도가 느려져 건강 수준이 높아짐으로 노인시대가 연장된 것인지 알 수 없다.

낙엽은 인생길과 같다

가을비가 촉촉이 내리는 가운데
낙엽은 조용히 내려앉는다.
겨울을 준비하는 끝자락
몸부림 바람 불 때 우수수 떨어진다.
사람들의 일생을 말해주는 느낌이다.
그 화려했던 낙엽 떨어져
발길에 차일 때
쓸쓸하고 허전함을 말해준다.
나무의 사계절은 사람들의 인생을 말하듯
유년 초년 중년 말년과 같다.
낙엽이
인간들에게 전하는 말은 무엇일까?
시작이 있으면 마무리가 필요한 법이다.
나무는 뿌리가 있기에
절망하지 않고 살아
나무가 자연의 법칙을 알려주고 있다.

말 한마디가 그 사람의 인격

 말 한마디가 그 사람의 인격이다. 사람으로 태어나 죽을 때까지 계속 말 하는데, 한 사람이 평생 동안 5백만 마디를 한단다. 말도 갈고 닦고 다듬으면 보석처럼 빛나지만 때와 장소에 따라 달라진다. 믿음을 잃으면 진실도 거짓처럼 느껴진다. 눈은 입보다 더 많은 말을 한다. 입으로 말하지 말고 표정으로 말하라. 잘못하면 동쪽이 서쪽이 된다.

 남을 비판하지 말고 감싸주라. 덕망 있는 사람의 태도는 미운 사람에게도 각별이 대하여 적군도 아군이 된다. 상대방을 비판하지 마라. 남을 향해 쏘아 올린 화살이 자신에게 되돌아온다. 뒤에서 험담하는 사람과 가까이 하지 말라. 못된 놈 곁에 있다가 벼락 맞는다.

 모르면 몇 번이고 물어서 알아라. 묻는 것은 흉이 아니다. 상대방을 높여서 말하라. 칭찬·감사·사랑의 말은 많이 사용하라. 그렇게 하면 사람들이 잘 따른다. 말에는 지우개가 없으니 조심해 말하라. 자만·교만·거만은 적을 만드는 일이다. 실언을 했을 때는 즉시 사과하라. 좋은 말하여 존경받는 사람이 되자.

마음씨가 좋으면 관상도 변하는가!

사람이 태어나면
얼굴에 모든 것이 다 들어 있기에
관상이라고 하는 것입니다.
초년 중년 말년 나누어 생긴 대로 살아갑니다.
생각이 바뀌면 행동이 바뀌고 습관이 바뀌고
인격이 바뀌면 운명이 바뀐다는 철학입니다.

기업인들이 직원을 채용할 때 관상가나 역술인을 참석시키기도 한답니다. 그래서 성형수술을 하며 동양에서는 잘생긴 부처님 상을 선호한답니다. 실력 있는 사람들 중 면접 볼 때에는 골고루 채점, 기업의 인사 담당자는 반관상가나 다름없답니다. 첫째 눈빛을 보고 다음 입꼬리며 생김새도 보고, 넓은 이마 두툼한 콧날 귀의 생김 귓밥이 두텁고, 여러 가지를 종합하여 채용하는 수도 있답니다.

인연은 묘한 것
학생이 앞의 노인에게 좌석을 양보했다.
노인은 고맙다며 어디 가느냐고 물었다.
취업 준비를 하려고 도서관에 간다고 했다.

자연스럽게 취업의 어려움에 대해 이야기했다.

노인은 학생에게 전화하면 도움이 될지 모르겠다며, 메모지에 전화번호와 이름을 적어주었다. 며칠 후 전화를 걸었더니 중견기업의 오너가 전화를 받았다. 그는 노인의 제자였고 이야기를 들었다며 한번 찾아오라고 했다. 결국 학생은 그 회사에 채용되었다. 조그만 양보 하나가 큰 인연이 될 수도 있다.

독서의 계절

수백 년 세월을 견뎌온 소나무
그 자태를 지켜가며
그 땅을 대변하고 있는 것이다.
지난 세월 사람들은 책을 들고 다니며
무척 노력을 했다.

요즘은 스마트폰을 두들기고 있다.
나이 드신 분이나
젊은 사람들 학생들까지
앉으나 서나 핸드폰을 두들기고 있으니
시대의 변천인가 다문화 시대인가.

역사는 사실 기록이 중요한데
세상이 변화하는 다문화 시대인지라
시인이나 소설가 작가들은
많은 책을 써서
독서하는 사람들이 많기를 바란다.

눈 감고 귀 막고 다녀야 하는가?

 윗물이 맑아야 아랫물이 맑다는 옛말이 무색하다. 내 자식이 귀여우면 남의 자식도 귀여운 것을 알아야 한다. 많이 낳지 않고 하나 둘 키우는 핵가족 시대라 그런가 싶다. 담배꽁초를 길가에 버린다고 20대 청년을 나무라다, 60대 할머니가 벽돌에 머리를 맞아 죽는가 하면, 거리에 침을 뱉는다고 나무란 30대 가장이 고교생들에게, 뭇매 맞아 죽은 일이며, 문밖을 나가면 꼴불견들이 눈에 띈다. 버스나 지하철 에스컬레이터에 오르면 남녀 낯 뜨거운 행각을 흔히 본다. 시선이 마주칠까봐 허공을 바라본다. 욕설이 난무한 대화는 한쪽귀로 흘려보낸다. 선생님에게 혼났다고 부모가 달려와 선생님에게 폭언과 폭행을 했다는 말, 남의 일 같지 않다.

상전처럼 모시는 개

어느 곳을 가든
작은 개들을 안고 다닌다.
방안에 개집을 만들어 같이 생활한다.
밥상을 오르내리며
방안 구석 안 가는 곳이 없다.
한 달에 개에 들어가는 유지비가
몇 십만 원 이상 들어간다니
부모에 드리는 용돈보다
더 많이 신경을 쓴다.
요즘은 등산 가는데도 개를 데리고 간다.
개가 안 가면
안고 가야 하니 개에 대한 애착은 크다.
개는 영리하여
곳곳에 영역 표시를 위해
오줌을 조금씩 뿌리며 간다.
오줌을 조금씩, 조금씩 흘리며 간다.

흐르는 물

흐르는 물도 떠주어야 공덕이 된다.
약수는 언제나 그 자리 변함이 없다.

삼복더위 나오는 물은 시원하지만
엄동설한에 나오는 물은
김이 모락모락 온정을 나눈다.

뭇 새들이 목을 축인다.
수많은 짐승들이 즐겨 먹는다,
오고가는 등산인들 자유롭게 이용한다.

소나기는 황톳물을 만들지만
보슬비는 맑은 물을 만든다.
이 모든 물은 바다를 향해 달린다.

억울하면 출세하라

옛말에 억울하면 출세하라는 노래가사가 있듯이, 억울한 사람의 한을 풀어주기 위한 목적의식이 있긴 했던 모양이다.

그런데 오늘날은 어떠한가! 죄를 지어도 돈 많으면 면죄되고 돈 없으면 혹독한 벌을 받게 된다는 것은 권력이란 경중을 저울질하는 힘이다. 저울질하는 사람의 마음에 달렸다. 칼자루 잡은 놈이 임자라고 한다. 절대 건드리면 안 되는 것이 몇 가지 있다. 잠자는 사자의 코털, 눈 감은 채 입을 벌리고 있는 악어의 이빨, 아버지의 퇴직금, 그리고 동창회에 다녀온 아내다. 아내는 동창들의 사는 모습을 듣고 보니 세상에서 가장 비참하고 초라한 것은 자신이기 때문이다.

이리하여 무조건 출세하고 보자는 세상, 무조건 돈을 벌자는 세상에서 인간의 만족은 끝이 보이지 않는다. 이런 세상이 상대적인 것이지, 절대가 아닌 것을 분명히 안다면 분명히 달라지리라.

애주가의 마음

세상 만물들은
계절따라 꽃이 피고 잎이 지겠지.
가을이면 열매 맺고
낙엽은 휘날리며 구르겠지.
밤하늘 별빛도 유난히 반짝이는데
술 한 잔에 세상 모르는 그대
허공을 향해
소리 높여 외치는 그 사람
술 깨고 나면
해장국이 그리워 중독자가 되었나.

정전

갑자기 전등불이 탈출했다.
전기가 나갔다고 야단이다.
텔레비전 · 냉장고 · 컴퓨터 등 가전제품은
떠들썩한데도 모두 벙어리가 되었다.
예고 없는 정전이라 조금 기다려 보았다.

바로 들어올 줄 알았던 전기는
십여 분이 지나도 캄캄
한전에다가 정전이라 말하니
대전 시내 정전된 곳은 한 곳도 없으니
차단기를 올렸다 내렸다 확인하라며
전화 끊지 않고 기다리겠다고 한다.

시간이 걸리니 전화 끊고
다시 연락해주마 했다.
연락하니 동물원 사정동 방면이 고장이란다.
방에 있던 사람들 촛불 켜고
저녁 식사를 하다.
다시 전화하니 고장 난 곳을 찾는 중이라 한다.

연락처 남겨두고 오는 도중
한전 요원을 만났다.
고장 난 곳을 찾아 전신주를 오르내린다.
여러 명이 왔으나
세 명만 남아 작업을 한다.

이십 여분 후 수리가 끝났다.
점등되기를 기다린다.
몇 분 후 전기가 들어왔다.
약 두 시간 만이었다.
절에도 불이 들어왔다.
한전에서도 추운 날 고생하셨다고
인사말을 건넸다.
엄동설한 조심하라는 당부의 말도 들었다.

나의 건강은 내가 지키자

한동안 건강했던 내가
강추위 속에 감기가 찾아왔다.
수십 년 동안 감기 한번 앓지 않았던 내가
병원에서
주사 맞고 약을 먹어 칠일 만에 나았다.
전에는 찾아온 감기가
병원에 가지 않고도 일주일이면 회복되었다.
결과적으로 감기는
시일이 걸려야 낫는다는 것을 알게 되었다.
자기 몸은 자신만이 관리해야 한다.
식사도 알아서 조절하며
과로하지 말고
적당한 휴식과 운동도 몸에 알맞게 할 것이며,
과욕과 욕심은 금물이다.
편안한 마음과 적당한 몸 관리가
남의 신세를 지지 않는 최선의 길이다.

돈은 요물단지

사람들은 부자가 되고 행복하게 살기를 원한다. 돈으로는 모든 것을 다하고 싶은 욕망이 있다. 그러나 돈에 대한 욕심이 나의 행복한 앞길을 가로 막을 수 있는 경우가 있다. 곧 돈의 탐욕에 사로잡혀 남의 복을 빼앗아 내 것으로 만들면, 일시적으로 풍요롭게 살 수 있지만, 결국 돈이 내 곁을 떠나면 한없는 불행 속에 빠질 것이다.

매스컴에 나오는 사건들은 대부분 재물 때문에 탐욕의 불씨가 되어 어린이를 납치하고 부모를 죽이기까지 하는 대형사고, 생명을 경시하는 마음은 지옥의 문을 스스로 여는 열쇠가 될 것이다.

돈을 잘 쓰면 그만큼 더 많은 재물이 모아진다. 돈은 눈이 밝아 그릇됨을 용납하지 않는다. 자녀의 양육이나 부모에게 효도하는 돈은 풍요로운 결실이 되지만, 잘못 쓰면 형제간의 우애와 가족 간의 화목을 해치는 악이 될 것이다. 넉넉한 마음으로 봉사도 하고 넓은 마음으로 자비를 베풀면 부유하고 행복하게 잘 살 것이다.

담배꽁초

애연가들의 마음을 살펴본다면 다양한 느낌, 어린 시절 길가에 담배꽁초는 보지 못했다. 길가에 꽁초가 있으면 서로 주워 피우고, 없으면 담장에 있는 마른 호박잎을 말아 피우는 것도 보고, 길가는 사람한테 얻어 피웠다.

지금 사회는 넉넉한 환경 속에 살아가는 사람들, 길가에 꽁초가 있어도 본체만체 지나가는데, 올해는 눈이 많이 와 이십여 일 이상 녹지 않아 쌓아둔 눈덩이가 길가에 군데군데 수북이 있었다.

간밤에 비가 많이 와 눈 속에 묻혔던 담배꽁초들, 길가 곳곳 허옇게 널려 있어 사람들의 눈살을 찌푸리게 한다. 국가에서 흡연이 건강에 해롭다고 대대적으로 홍보하고, 금연구역을 지정해 놓고 벌금을 부과하겠다고 한다.

그래도 젊은 세대들은 아랑곳하지 않고, 어른들은 금연에 신경을 쓰면서도 끊기가 어렵다고 한다. 암이 생기고 수명이 짧으니 모두가 끊도록 당부한다.

돈에 울고 돈에 웃는 인생

 돈 싫다는 사람은 별로 없는 것 같다. '부자 되세요'하는 인사말을 들을 때 마음은 흐뭇하다. 돈을 좋아하는 이유는, 무엇이든지 할 수 있다는, 가장 큰 힘과 권력이다. 돈에 따라 대우받고 사회적 지위가 결정되는 수도 있기 때문이다.

 사람들은 돈벼락이라도 한번 맞아 보기를 원하는 사람도 있다. 돈의 힘을 만드는 거대한 힘은 탐욕이다. 그래서 사람들은 돈을 벌기 위해 갖은 수단과 방법을 가리지 않는다.

 탐욕은 불신과 증오·좌절·분노를 만든다. 인간성을 훼손하고 파괴한다. 그러므로 패가망신하는 경우가 많이 있다. 돈에 울고 돈에 웃는 인생, 자기 본분을 잘 지키며 성실하고 정직하게 산다면, 행복은 절로 오기 마련이다. 남을 도우며 살기를 바란다.

속이고 속아 사는 인생

우리의 삶은
속이고 속으며 살아간다.

알고도 속고 모르고도 속고 제일 많이 속은 것은 엄마일 것이다. 그렇다! 부모에게 속고 자식에게 속고 아내에게 속고 남편에게 속고 장사에 속고 이웃에 속으며 살아간다. 따져보면 우리는 매일같이 자신에게 유리한 기억을 선택하고 저장한다. 보고 싶은 것, 듣고 싶은 것, 하고 싶은 것, 이 모든 것을 말로 기억한다. 명심할 것은 훌륭한 기억은 정확하게 기억하는 것이 아니라 미래를 구상하고 계획하는 기억의 목적을 실현하려 하는 것이다. 앞으로 점점 좋아지겠지 하는 용기, 꿈과 희망을 품고 매일 자신에게도 속으며 살아간다.

제일 먼저
자신에게 속지 않으면
속고 속이는 세상을 벗어나리라.

노출된 옷차림

요즘 젊은 세대들의 옷차림이 지나치게 노출시키고 있다. 나이 많은 사람들은 눈살을 찌푸린다.

세계화되어 거리는 활기가 넘친다. 남녀노소 모두가 바쁜 생활 속에서 거리를 다니는 사람들의 옷차림이 단정한 인상으로 비쳤으면 좋으련만.

사회는 성범죄가 지난 세월에 비해 많이 늘어나고 있다는 안타까운 현상, 짐승보다 못한 행동으로 탄식과 분노의 비난은 마음을 아프게 한다.

보고 듣고 배우는 것이 무엇인지, 상대의 마음을 헤아리는 진실한 마음이 있다면 좋지 않을까.

갈등이란

갈등의 원인은 아주 다양하다. 갈등은 삶의 과정에서 피할 수 없는 존재다. 부부간의 갈등, 형제간의 갈등, 부모자식간의 갈등, 갈등 없이 사는 가정은 행복하다. 생활 속의 크고 작은 수없이 많은 갈등은, 서로 이해하고, 알면서도 모르는 척, 안들은 척, 사소한 말은 지나친다.

갈등은 칡덩굴이 오른쪽으로 감아 올라가고 등나무는 왼쪽으로 감아 올라가기에 생긴 말이란다. 갈등은 인간이 살고 있는 한 발생하기 마련이다. 그래서 갈등을 완벽하게 해결할 수 있는 방법은 없다. 사실도 모르고 이사람 말도 옳고 저사람 말도 옳다는 식으로 갈팡질팡하며 올바른 판단을 하지 못하면, 식물인간이 망망대해 위에 한조각 배를 탄 것이나 다를 바 없다.

어떤 일도 인연 따라 일어나고 인연 따라 흩어지니, 갈등을 보고 괴로워하고 어려워하기 전에 인과에 따라 흘러 갈 것을 알면 내 마음의 갈등은 사라지리라.

빈손으로 가는 인생

나무는 봄에 가지마다 꽃이 아름답게 피고, 잎이 무성했던 때와 달리, 가을에 낙엽이 지고 난 후에 봄이 화려했던 것을 알게 될 것이다.

사람은 죽어서 관 뚜껑을 닫고서 빈손으로 갈 때면 자손과 재물이 쓸데없음을 알게 된다. 살아있을 때 빌려 쓰고 갈 때 돌려주고 가는 인생, 깨달음과 진실을 아는 사람이라면 분수에 맞게 살면서, 모르면 물어서 알고, 추우면 추운 것을, 더우면 더운 것을 안다면 그곳에 진리가 있는 것을 알게 될 것이다.

며칠 후면 죽을 사형수가 기어가는 벌레를 보고 '너같이 죽지 않고 살아 있으면 얼마나 좋을까!' 부러워하는 마음이 있다고 한다.

살아있기만 하면 행복일까? 무상함의 진리를 바로 보면, 모두 빌려 쓰는 것이라는 사실을 알면 몸뚱이든 뭐든 내 것은 아무것도 없음을 알면 죽음에 다다라 아무런 아쉬움도 두려움도 없으리라.

여자의 마음

열 달 동안 배안에서 마음 졸이며 맺은 인연
고통스런 산고 끝에 새 생명 얻는다.
마른자리 진자리 온갖 정성으로 보살피고
자나 깨나 건강하고 훌륭한 사람 되라고
정화수 떠 놓고 칠성님께 빌고 또 비네.

오늘은 흙투성이 내일은 싸움박질,
개구쟁이 고집불통 회초리 들고 벌세우고
해도 해도 끝이 보이지 않는 고달픈 시집살이
호수에 비친 저 달님아
내 마음도 담아가 주렴.

남편 하늘처럼 모시어 뒷바라지하고
자식들 철없이 보채대는 날들
자주 이사하는 짐 보따리에 짜증까지 싸본다.
고달프고 답답한 마음
말 한마디 푸념 떨지 못하고
태연한 척 돌아서서 눈물 훔치고
좋은날 오기를 기약하며

간절한 희망으로 내일을 맞는다.

새벽잠 설치며 아침 일찍 등교 준비
때늦은 까치소리에 허리를 펴본다.
어데서 반가운 손님 오시려나.
고달픔 잠시 잊고 흐뭇한 미소 지어본다.
어렵게 대학 합격한 아들 딸 생각에
다소곳이 합장하고 관세음보살!

긴 세월 어제같이 느껴지는 추억 속에
모든 일들이 가볍게 스쳐 가는데
재롱둥이 손주들 오늘도 부산떨고
나는 산사로 발길 옮긴다.
새털같이 공덕 쌓아 중생 구제하리라.

인정받는 사람

　세상을 살다보면 마음먹은 대로 안 되는 것이 인생이기에 본인의 마음과 같이 되는 일이 많지는 않을 것이다. 나와 친한 사람에게는 호감이 가지만 나에게 기분 나쁘게 하는 사람에게는 불편함을 느낄 것이다.

　반대로 상대편 사람도 똑같은 느낌을 갖게 될 것이다. 세상을 잘 살았나 못 살았나 하는 평가는 애경사가 있을 때 느낌이 갈 것이다. 남에게 베푼 만큼 인간관계가 형성되기 때문이다. 아무리 잘난 사람도 혼자 살아가기는 어렵다. 이웃과 더불어 정을 나누며 웃고 사는 사람은 가는 곳마다 외롭지 않다.

　그러나 남에게 매몰차게 하는 사람에게는 언젠가 그 몫이 돌아오기 때문이다. 인간에게 가장 이해하기 어려운 것이 사람의 마음이다. 사람은 항상 넓고 큰마음으로 모든 사람들에게 차별 없이 대하면서 살려고 노력한다면 인정받는 사람이 되리라.

웃음보따리

친구 중에 유머를 잘하는 사람은 웃음이 따른다.

'사는 게 힘들고 괴로워 이번에 큰 결심을 냈습니다. 속세를 떠나 큰 깨달음을 얻기 위해 조용하고 편안한 절로 들어갈까 합니다. 그동안 여러 가지로 감사했습니다. 혹시라도 만날 인연이 있다면 제가 있는 절로 찾아주세요.'

메시지를 받은 그녀는 당황하여 즉시 핸드폰으로 답장을 보냈다. '오라버니 도대체 그 절이 어디인가요?' 물었을 때 답장이 왔다. '처음 보낸 메시지 맨 끝에 있는 줄로 압니다.' 상세히 읽어보니 '만우절'이라고 써있었다.

운전자는 교통법규가 중요하다

차를 타다보면 교통신호를 우습게 생각하고 휑하니 지나간다. 신호위반 하고도 차창 밖으로 담배꽁초까지 버린다.

반면 운전 경험이 많은 베테랑 운전자는 말한다. 갈수록 차량이 늘어나 운전하기도 조심스럽고 난폭운전을 피해 방어운전을 하며 조심하는 수밖에 없단다.

우리나라는 교통위반으로 인한 사망자가 많기로 손꼽히는 국가 중 하나이다. 앞으로는 운전면허증을 따기가 어려워진다니 운전은 양심을 지켜가며 주야 시간에도 교통신호를 준수하고 제한속도를 잘 지키는 운전자가 되기를 바란다.

고급차나 외제차를 타고도 교통위반을 한다면 비난의 소리가 많을 것이다. 양심운전이 필요하다. 공중도덕을 잘 지킨다면 건전한 사회가 될 것이다.

세월 따라 세상도 따라 가네

　세월이 변함에 따라 마음도 같이 가는 시대, 편지로 연락하던 때를 지나 전화가 기승을 부리더니, 이제는 스마트폰에 전화는 점점 뒷전으로 밀려나고 있다.

　어른들의 삶이 어려웠던 시대라면, 지금의 젊은 세대들은 풍요하고 편리한 세상에 살고 있다. 어른들이 어려움을 극복하기 위해 고생을 하며 발전을 시켰다면, 젊은 세대들은 더욱 발전하여 세상을 변화시켜야 한다.

　옛말에 '아랫방 윗목에서는 얼어 죽어도 뒷방 아랫목에서는 얼어 죽지 않는다.'는 말이 있다. 고래구멍이 부엌부터 길게 뻗어 있기 때문에, 이치적으로 윗목이 따뜻할 것인데, 뒷방 아랫목이 심리적으로 따뜻했던 모양이다.

　지금은 난방이 보일러이기에 사방이 골고루 따뜻해 윗목 아랫목이 없다.

하는 말과 듣는 귀

지나가는 말로 아무 생각 없이 한 말이지만, 그 말을 듣는 사람은 두고두고 잊지 못할 때가 있다. 모르고 말로 입힌 상처는 칼로 입힌 상처보다 더 깊다는 말이 있다.

역사가 시작된 이래 칼이나 총에 맞아 죽은 사람보다 혀끝에 맞아 죽은 사람이 더 많다. 말은 깃털과 같이 가벼워서 한 번 내뱉으면, 주워 담기 힘들다는 탈무드의 교훈이 있다.

열 번 생각한 다음 신중히 한 입으로 말하라. 빗방울이 모여서 강물이 되고 바다가 되듯이 선한 일 좋은 말은 마음속에 간직하려 노력하지만 나쁜 일 악한 말은 지우려 해도 떠나지 않는 것이다.

소인과 대인의 차이

모든 일엔 자신감과 굳은 의지가 필요하다. 용기와 새로운 희망과 자신감으로 순조롭게 이루리라.

소인은 물을 보면 물장구치고 좋아하지만 대인은 물을 보면 그 깊이부터 알려 할 것이다. 소인은 상대방 허술한 곳을 보면 이용하려 하고 대인은 상대방 허술한 곳을 보면 고쳐주려 한다. 소인은 작은 일에 철저하며 큰일에는 회피한다. 대인은 작은 일에 침착하고 큰일에는 분연히 일어난다. 소인은 자기에게 해롭게 하면 보복하려 하지만, 대인은 자기에게 해롭게 하면 타일러 용서한다. 소인은 좋은 것을 보면 독차지하려 하지만 대인은 좋은 것을 보면 나누어 주려 노력한다.

인류의 성인들이 상대방 입장에서 눈높이를 맞추고 자비를 베풀기에 사람들은 성인이라 하며 존경한다.

좋은 일과 나쁜 일의 차이

좋은 일은
시간이 지나면 잊을 수 있지만
악한 일은
오래도록 사라지지 않는다.
그 것은
마음속에 머물러 있기 때문이다.

좋은 일 한 사람
무슨 일을 해도 잘 되지만

악한 일 한 사람
잊으려 해도 떠나지 않는다.

사람들은 누구나
행복하게 살려고 노력하지만
인연 따라
행과 불행이 따라 다닌다.

행복과 불행의 마음

행복한 사람은 남을 위해 노력하고
불행한 사람은 자기만을 생각한다.
남을 위해 칭찬을 하는 사람은
행복하고
자기만을 위해 사는 사람은
불행한 사람이다.
항상 웃는 얼굴로 말하는 사람은
행복하고
우울한 얼굴로 투덜대는 사람은
불행한 사람이다.
남이 잘 되도록 도와주는 사람은
행복하고
남이 잘되는 것을 배 아파하는 사람은
불행하다.
행복과 불행은
각자 마음속에 있으니
마음을 잘 다스려
모두가 행복한 사람 되자.

맑은 물과 흐린 물의 변화

어릴 때부터 좋은 사람 나쁜 사람은 없다. 성장하면서 환경에 따라 변화가 온 것이다. 태어날 때부터 엄마 아빠는 아니다. 세월이 흐름에 따라 맺은 인연이다.

옛날에는 문화가 발전하지 못해 답답하고 고생을 많이 하고 살았지만 현 시대는 다르다. 요즘은 문화의 혜택으로 편리한 세상이 되었다. 잘난 사람 못난 사람 구별 없고 특기만 있으면 잘사는 세상이 되어가고 있다.

콩 심은 데 콩 나고 팥 심은 데 팥 난다는 말이 있듯이 맑은 물병과 흐린 물병의 차이는 같은 물인데도
  병에 따라
  다르게 보인다.
  그러나 물의 본모습은 변하지 않는다.

작품해설

詩心, 佛心으로 지은 오롯한 절 한 채

송 정 란(시인, 건양대 교수)

1.

'詩'는 '言'에 '寺'가 합한 글자로 그 뜻을 새겨보자면 '언어의 사원'으로 풀이할 수 있다. 그렇다면 시인은 언어의 뜻을 갈고 닦아 언어의 사원을 세우려는 수행자라 할 수 있다. 법산(法山) 김창규 시인은 시집 『산사의 목탁소리』에서 문자(文字) 수행을 통해 한 채의 절을 지으려는 거사(居士)의 풍모를 보여준다. 불가(佛家)에서 거사는 출가하지 않았지만 불도(佛道)에 뜻을 두고 정진하는 사람을 이르는 것으로, 시인은 수행에서 얻은 신실한 깨달음을 시의 운율 속에서 깎고 다듬어 한 채의 사원을 세우고자 했다.

시인의 시집은 전체 5부, 148편의 방대한 시편으로 구성되어 있는데, 시집에 나타난 시인의 시세계는 크게 두 가지로 구분할 수 있다. 불교의 교리를 바탕으로 한 종교적 형이상학의 시와, 체험을 바탕으로 한 자전적 생활시가 두 축을 이루고 있는 것이다.

그런데 시집 전편을 관통하여 읽히는 것은 불교적 사상과 사유이다. 먼저 종교적 형이상학의 시는 불법(佛法)을 받드는 구도자로서 시인의 불심(佛心)이 시심(詩心)으로 표출되어 불교시로서의 엄정한 격조를 보여주고 있는 점이다. 자전적 생활시 역시 속세의 삶에서 보고 듣고 겪는 일체의 감회를 서술적·산문적으로 형상화하고 있지만, 사물이나 대상에 대한 지각이 불교적 인식을 근저로 하고 있다는 점에서 종교적 성향이 두드러진다.

 따라서 시인의 시적 진술이 불교 교리나 일화 등과 얽혀 있어 이를 제대로 밝혀내지 못하면 시인의 시세계를 온전히 해석할 수 없는 난관에 부딪치게 된다. 표층적 문맥에서 불교적 표상이나 표지가 드러난 작품들이 많지만, 마치 선승(禪僧)의 오도송(悟道頌)처럼 고도의 상징적 의미나 이미지로 함축된 시편들은 불법의 심오한 해저(海底)를 탐색하여 그 근원을 찾아야지만 시인의 시적 의도를 파악할 수 있다. 시인의 시적 근기(根基)가 불교적 인식과 사유에서 출발하고 있는 만큼, 임제선사(臨濟禪師)의 '부처를 만나면 부처를 죽이고, 조사를 만나면 조사를 죽이라'라는 말씀을 의지처 삼아 시인의 시편 속에서 만나는 불교적 사유의 세계를 정면으로 돌파해 보기로 한다.

2.

 시인은 불교를 방편으로 하여 언어의 사원을 건축한 만큼, 시의 제재나 대상을 불교적 표지에서 가져오고 있다. 불교 교리나

사찰, 불구(佛具) 등을 통해 시적 상상력을 작동시키고 있으며, 일상세계와 삶에 대한 해석을 불교적 관점에서 견지하고 있다. 이러한 경향을 대표하는 작품이 시집의 제목이기도 한 「산사의 목탁소리」로서, 시인이 지향하고자 하는 시세계와 미학적 구도를 잘 보여주고 있다.

>고촉사 목탁소리에 먼동이 틉니다.
>솔바람 불어와
>송홧가루 휘저어 놓으면
>골짜기는 황금 가사를 입습니다.
>
>가랑비 내리던 날 저녁
>범종소리
>어둠이 내려도
>답답한 마음을 말끔히 씻습니다.
>
>산사의 풍경소리에 세월이 멎습니다.
>저녁 예불 소리에
>번뇌를 내려놓으면
>맑은 하늘에 연등처럼 떠 있는 초승달.
>― 「산사의 목탁소리」 전문

산사의 목탁소리와 함께 어두운 저 먼 곳에서 동이 트오고, 허공 어디에선가 바람이 불어와 초록빛 산골짜기가 온통 황금빛 송홧가루로 뒤덮인다. 저녁 범종소리와 함께 가랑비가 내리면 산은 초록빛을 되찾고 동이 튼 자리에는 다시 어둠이 깃든다. 시인은 천변만화하는 자연 현상을 바라보면서 제행무상(諸行無

常)의 법리를 이야기한다. 제행무상은 불교의 기본 교리 중의 하나로, 우주의 일체 행위는 늘 변화하기 때문에 고정된 실체가 없다는 것이다. 지금 내가 인식하고 있는 일체 만물의 모습이나 작용은 찰나에 불과한 것으로 모든 것이 무상함을 뜻한다. 자연은 끝없이 순환하면서 또한 쉼 없이 움직이고 변화할 뿐이다. 시인은 시시각각 변하는 자연 현상에서 삶의 무상함을 깨닫는다. 황금빛 송홧가루로 표상되는 물질적인 현혹은 가랑비에 씻겨나가는 허상일 뿐이다. 일체 만물 그 어느 것도 영원히 지속되는 것이 없으니 인간의 소유욕이나 집착, 감각적 인식마저도 헛되고 헛된 것이다. 따라서 시간과 공간의 경계가 사라진 자리에서 시인은 "세월이 멎"었음을 자각하고 세속의 "번뇌를 내려놓"게 된다.

시인이 이렇듯 제행무상의 경지로 나아가는 데는 목탁과 범종, 풍경 소리가 지혜를 일깨우는 종교적 오브제로 작용하고 있다. 목탁은 절에서 염불을 하거나 경전을 외우는 등 불교의식에 사용하는 용구인데 원래 목어(木魚)에서 변형된 것이다. 물고기는 언제나 눈을 뜨고 깨어 있기 때문에 수행자들도 밤낮으로 정진하라는 의미를 담고 있는 것이며, 풍경 역시 물고기 모양으로 수행자의 나태함을 일깨우는 상징성을 지니고 있다. 범종(梵鐘)은 종소리를 듣는 모든 중생의 마음을 깨우치고 지옥에서 고통받는 중생들까지 구제한다는 뜻을 품고 있다. 따라서 1연의 '목탁'과 2연의 '범종', 3연의 '풍경'은 자연 현상에 따라 변화하는 시인의 마음을 바로잡아주는 종교적 표상으로 등장한다. 새벽 목탁소리부터 저녁 범종소리까지 산사를 감싸안는 맑고 청정한 울림은 세속의 먼지로 뒤덮인 "답답한 마음을 말끔히 씻"어버린다. 그리하여 작은 풍경소리도 늘 외던 예불소리도 여느 때와는 다르게 들려온다. 번뇌를 끊어버린 각성(覺醒)의 울림으로 시인의 마음은 맑은 하늘처럼 닦여 있다.

이제 시인은 번뇌가 끊어진 마음자리에 어둠을 밝히는 '초승달'이 선연하게 떠 있음을 자각한다. 초승달은 불교에서 '지혜의 힘'을 상징하는 것으로, 『증일아함경(增一阿含經)』「안반품(安般品)」에서 올바른 수행의 모습을 이에 비유하고 있다. 만일 탐욕이 없고 성냄과 어리석음 또한 내려놓은 수행자라면 그에게 선함이 점차 늘어나 초승달에서 보름달로 둥글게 차는 것과 같다고 한 것이다. 번뇌가 걷힌 시인의 맑은 마음자리에는 초승달이 명징하게 빛나고 있으며, 중생들의 미혹한 어둠을 밝혀주는 연등처럼 주위를 환하게 비춰주고 있다.

> 고촉사 길은 가팔라 오르기가 어렵습니다.
> 겨울에도 몸에 땀이 뱁니다.
> 시루봉은 어디로 갑니까?
> 물을 때마다
> 고촉사를 지나면 바로 거깁니다.
> 대답을 하며 차 한 잔씩 나누어 마십니다.
> ―「시루봉을 묻는 사람들」 전문

'고촉사'로 대변되는 수행의 길은 "가팔라 오르기가 어"렵고 "겨울에도 몸에 땀이" 밸 정도로 고되고 힘든 여정이다. 수행의 길을 거쳐 오르는 '시루봉'은 해탈의 높은 경지를 상징한다고 볼 수 있다. 수행자들은 시루봉은 어디로 가야 하는지, 해탈에 이르는 방법을 묻고 있다. 시인은 "고촉사를 지나면 바로 거기"라고 대답을 하며 그저 가까이 있다는 것만 일러준다. 그리고 차 한 잔을 건넬 뿐이다. 즉 조주선사(趙州禪師)의 '끽다거(喫茶去)'로 선문답을 던지고 있는 것이다. 조주선사는 이미 깨달은 사람이나 깨닫지 못한 사람 모두에게 '차나 한 잔 마셔라'라며 똑같은 화두를 던져준다. 그 말에 의문을 품는 수좌에게도 '차나 한 잔 마셔라'라며 일갈한다. 깨달았든 깨닫지 못했든 모든 사람은 평등하게 불성(佛性)의 진여(眞如)를 이미 갖추고 있으므로 어떠한 분별도 없다는 것이다.

시인은 '평등성지(平等性智)'의 지혜를 깨닫게 된다면 해탈의 경지는 아득히 먼 곳에 있는 것이 아니라 가까운 곳에 있음을 일러준다. 함께 차를 마시되 아(我)와 타(他)라는 분별심이 사라지고 차를 마시는 행위만이 오롯이 남아 있는 순간이 바로 해탈임을 일러준다.

시인은 또한 평등성지에서 발원하는 것이 자비심이라고 말한다. 시편 「자비의 마음」에서 시인은 선과 악, 미와 추, 높고 낮음에 대한 분별심이 없는 것이 자비심이며, 그리하여 "흐르는 강물이든, 구정물이든, 핏물이든, 고름이든, 똥물이든, 수많은 물들이 들어와도 여여(如如)하게 받아들이면서" "그냥 흐르는 마음 바로 보고 바로 생각하는 자타의 평등성을 지혜로 살피며 모든 이들에게 넉넉한 마음으로 대하는 것이 자비라 생각"한다고 진술한다. 구정물이든 핏물이든 모두 받아들여 그저 흘러가는 물의 속성처럼, 너와 나를 구별하고 차별하지 않는 '자타의 평등성'을 살펴 이를 실천하는 것이 자비임을 피력하고 있다. 그리고 자비의 실천행이 "남을 미워하지도 애착하지도 마라./ 사람은 누구나 허물이 있기 마련이다. // 참회하고 용서를 구하면/ 너그럽게 받아주(「낮과 밤」)"는 것이라고 설(設)한다.

> 방울방울 떨어지는
> 빗방울 속에 한 몸이 되어
> 나의 형체는 흘러 흘러
> 개울이 되고
> 시내가 되고
> 강물이 되고
> 바다가 되어서
> 그 무상함을 구경하다가
> 때가 되면
> 해님의 온정으로
> 사뿐히 구름에 올라
> 세상 구경하다가
> 땅으로 내려와
> 떨어지는 빗방울 속에
> 나의 형체는 눈빛 형형하게
> 살아나리니,
> 서서히 되살아나리니.
> ─「지수화풍」 전문

지수화풍(地水火風)은 사람의 육신을 비롯 우주 만물을 구성하는 네 가지 요소라 하여 불가에서는 사대(四大)라고도 한다.

그리고 이 사대는 업연(業緣)에 따라 생겨났다가 인연이 끝나면 각각의 자리로 돌아가면서 윤회사상(輪廻思想)과 연기설(緣起說)로 결부된다. 시인은 '지수화풍'이라는 불교적 표지를 제목으로 던져 놓고 빗방울을 통해 이를 알레고리화하고 있다. 즉 지수화풍을 "빗방울 속에 한 몸"이 된 '나의 형체'로 응집하여, 업에 따라 "개울이 되고/ 시내가 되고/ 강물이 되고/ 바다가" 되었다가, 인연이 다하면 "사뿐히 구름에 올라/ 세상 구경하다가" 다시 인연에 따라 "땅으로 내려와/ 떨어지는 빗방울"이 되는 과정이라는 것이다.

  윤회는 과거와 현재, 미래를 끝없이 굴러가는 수레바퀴와 같은 것으로 모든 중생은 자신이 지은 업에 따라 윤회를 거듭한다. 전생에 지은 자신의 업에 의해 인(因)이 발생하고 여기에 다른 조건과 만나 연(緣)을 맺게 되며, 이러한 인과(因果)로 인해 다시 업을 짓게 된다. 이와 같이 일체의 모든 현상이 인연에 따라 일어난다는 인연생기(因緣生起)가 바로 연기설의 요체이며, 시인은 '빗방울'이라는 구체적인 이미지로 적시(摘示)해 놓고 있다.

  그렇다면 모든 중생은 영원히 윤회의 수레바퀴에서 벗어날 수 없는 것인가? 시인은 "떨어지는 빗방울 속에/ 나의 형체는 눈빛 형형하게/ 살아나리니"라며 '진여(眞如)'의 각성을 들고 나온다. 업에 의해 다시 빗방울로 떨어지는, 즉 윤회를 거듭하는 나의 형체를 '눈빛 형형하게' 직시하여 알아차리는 것이 모든 업장을 끊어내는 길임을 설파한다. 나의 형체가 빗방울이든, 꽃이든, 동물이든, 사람이든, 지수화풍의 본성을 자각하게 된다면 윤회의 고리를 끊어낼 수 있다는 것이다.

 이러한 진여의 각성을 시인은 "오고가는 모든 것이 마음에 있거늘/ 마음은 해와 같고 번뇌는 구름과 같다(「이 순간」)"거나 "추우면 추운 것을, 더우면 더운 것을 안다(「빈손으로 가는 인생」)"는 시적 진술로 풀어낸다. 혜능선사(慧能禪師)가 일찍이 '마치 큰 구름이 해를 가려 바람이 불지 않으면 해가 능히 나타나지 못하는 것과 같이, 반야(般若)의 지혜도 또한 크고 작음이 없으나 모든 중생이 스스로 미혹한 마음이 있어서 밖으로 닦아 부처를 찾기에 아직 자성을 깨닫지 못하는 것'이라고 했듯이, 시인은 생(生)과 멸(滅)을 오고가는 인연의 법칙이 실상 마음에 비롯된 것이기에 구름으로 덮인 번뇌 속에 가리워진 해를 보는 것이 바로 '참 나'를 찾는 길임을 일깨운다. 그리고 "추우면 추운 것을 알고 더우면 더운 것을 아는" 선지식(善知識)이 바로 내 안에 있는 것임에도 불구하고 중생들은 미혹하여 '밖으로 닦아 부처를 찾'고 있음을 경계하고 있다.

 반야의 지혜를 터득한 득오(得悟)의 경지를 시인은 이렇게 갈파한다.

  새벽바람 찾아와 뜰에 서성거리고
  빈 하늘 구름 조각 어디로 흘러가나.

  처마 밑 눈뜬 물고기 물 없는 공간에서
  허공을 벗 삼아 조용히 흔들거리네.
        — 「눈뜬 물고기」 일부

"새벽바람 찾아와 뜰에 서성"거리는 것은 번뇌와 무명(無明)이 걷혀진다는 상서로운 징조가 아닐 수 없다. 이윽고 바람이 수행을 방해하는 장애물인 "구름 조각"을 걷어가 버리니 "빈 하늘"이 제 모습을 드러내고 그곳에서 풍경이 조용히 흔들린다. 시인은 그것을 "처마 밑 눈뜬 물고기 물 없는 공간에서/ 허공을 벗 삼아 조용히 흔들거리"는 것으로 형상화하고 있다. '처마 밑 눈뜬 물고기'는 풍경의 등가물이지만, 맹렬정진해온 '수행자'라는 이차적 등가물로도 해석할 수 있다.

따라서 '빈 하늘'은 '공(空)'의 실체가 드러난 자리이며, 다시 '물 없는 공간'으로 치환되어 나타나고 있다. 물 없는 공간에서 헤엄치는 물고기는 또한 공의 진면목을 깨달은 수행자로서, 시인 자신을 함의하고 있다고 볼 수 있다. 『선가귀감(禪家龜鑑)』에서 서산대사(西山大師)는 "중생은 생멸이 없는 경계에서 망령되게 생사와 열반의 차별이 있다고 보니, 마치 허공에서 꽃이 피었다 지는 환영을 보는 것과 같다."고 했다. 물이 없는 공간에서 헤엄치는 물고기, 즉 환영에 불과한 허공의 실체를 알아차리고 그것을 벗 삼아 자유자재로 유영하는 물고기는 반야의 경지에서 노니는 수행자이자 시인 자신의 마음의 경지를 드러내는 표지로 해석될 수 있다.

> 삼복더위에는 녹음으로 장식하고
> 가을을 향해 달리더니
> 찬서리 내리고 눈보라 휘날리는
> 대설에도 갈 길을 잊었나!

> 양지바른 언덕에 개나리꽃
> 살짝 나와 염화미소를 짓는다.
> 묻고 또 물어봐도
> 소리 없이
> 웃어 보이네.
> ―「계절 잊은 개나리」 일부

눈보라 휘날리는 대설에 개나리꽃이 양지바른 언덕에 피어 있다. 지난봄에 피우지 못한 꽃잎을 삼복더위와 가을을 지나 겨울에서야 피워내고 있다. 그 뜻을 아무리 물어보아도 소리 없이 웃을 뿐이니, 염화시중(拈花示衆)의 미소이다. 부처가 영취산(靈鷲山)에서 설법을 하다가 연꽃 한 송이를 들어보이자, 제자들이 모두 무슨 뜻인지를 몰라 어리둥절했는데 마하가섭(摩訶迦葉)만이 그 뜻을 알고 빙긋이 미소를 지었다는 염화미소이다. 가섭이 이심전심(以心傳心)으로 부처의 말씀을 이해했다는 것으로, 말이나 문자의 힘을 빌리지 않고도 불법의 오묘한 진리를 깨닫게 되었음을 나타내는 것이기도 하다.

이 시에서 개나리꽃은 부처가 들어올린 연꽃 한 송이로 치환된다. 시절을 잊어버리고 꽃을 피운 개나리는 묻고 또 물어도 대답 없이 웃기만 할 뿐, 염화미소의 뜻을 깨우치기를 재촉한다. 그렇다면 폭설이 내리는 한겨울에 꽃을 피운 개나리는 과연 무엇을 드러내고자 한 것인가. 개나리는 설산에서 고행을 했던 석가모니의 전신인 설산동자(雪山童子)의 현신(現身)이라 할 수 있다. 석가모니는 아득한 전생에서 보살행(菩薩行)을 닦을 때 해탈의 도를 구하기 위해 설산에서 고행을 했으며, 식인귀(食人鬼)인 나찰(羅刹)에게 자신의 몸을 내어주는 대신 불법을 얻고자 했다. 설산동자는 수행 시절 석가모니의 이름으로, 불법을 위해 자신의 목숨까지 기꺼이 바치려 했던 수행자의 본보기를 보여주고 있다. 시인은 한겨울에 꽃을 피운 개나리를 통해 구도의 길을 걷는 수행자의 참된 모습을 염화시중의 선문답으로 일깨워주고자 한 것이다.

시인은 오동잎의 크고 풍성한 잎사귀에서도 부처의 설법을 읽어 낸다.

> 오동잎이 떨어진다
> 순한 양처럼 보이지만 잎이 풍성하다.
> 잎은 커서
> 다른 나무 잎들과는 어울리지 않는다.
> 시골 동네 어귀나
> 야산에 드문드문 자리 잡고 산다.
> 딸이 장성하여 출가할 때
> 가구를 만들려고 오동을 심었다.
> 오동은 벌레를 먹지 않고
> 가볍고 쉬 자란다.
> 오동은 잎이 지면 근방이 휑하다.
> 다 버리고
> 다 놓아버리고
> 의연히 서 있는 오동의 모습은
> 공법(空法)을 설(設)하는 부처님이다.
> ―「오동잎」 전문

오동나무는 그 모습이 우람하고 고고하여 다른 나무들과 함께 있으면 군계일학과 같은 품위를 지니고 있어 "다른 나무 잎들과는 어울리지 않는다". 잎은 부채꼴로 어른 손바닥만큼 크고 두텁지만, 잎이 질 때는 소리 없이 떨어져 "순한 양처럼 보이"기도 한다. 그리고 나무는 광택이 있으면서 재질이 균일하여 뒤틀리지 않으며, 불에 잘 타지 않고 벌레도 먹지 않아서 "딸이 장성하여 출가할 때/ 가구를 만들려고 오동을 심"기도 한다.

오동나무는 옛말로 머귀나무라고도 했는데, 신라시대부터 가야금이나 거문고와 같은 악기의 재료가 되었으며, 귀중한 문서를 넣어두는 문갑이나 장롱으로도 사용되어왔다. 그리고 지체 높은 양반들의 장례용 관으로 쓰이기도 했으며, 오동나무를 심은 가정은 뒷날 아들들이 모두 재상이 됐다는 이야기가 전해올 정도로 상서로운 나무로 여겨지기도 했다.

이렇듯 아름답고 고귀하고 우람한 오동나무가 모든 것을 "다 버리고/ 다 놓아버리고/ 의연히 서 있는" 모습은 일체법(一切法)이 '공'하다는 부처의 말씀과 같다. '다 놓아버리는' 일은 분별이나 집착을 모두 버린다는 것으로, 모든 것을 버린 자리에는 어떠한 작용도 일어날 수 없다. 아름답든 추하든, 귀하든 귀하지 않든, 잎이 피든 지든, 분별하거나 집착하는 주체가 없어졌으므로 일체의 법이 공할 뿐이다. 잎이 진 오동의 나목에서 일체개공(一切皆空)의 법리를 갈파해 내는 시인의 공력(功力)을 엿볼 수 있는 시편이 아닐 수 없다.

시인은 세속의 삶 역시 오동잎이 지는 것처럼 이 세상을 빌려 잠시 살다가 모든 것을 다 놓아버리고 빈손으로 가는 것임을 천명한다. "'콩 심은 데 콩 나고 팥 심은 데 팥 난다'는 말같이 빈손으로 왔다가 빈손으로 가는 무소유, 이 세상을 빌려 살고 있다가 돌려주고 가는 인생, 그동안 마음으로 지은 삶의 빚을 수없이 짊어지고 간다. // 하얀 눈 위를 걸어간다면 마음도 하얗게 표백이 되어 갈 것이다./ 짊어지고 가지만 무게는 없다.(「눈 위를 걷는 인생의 긴 여정」)"고 말한다. 소유와 집착에서 비롯된 삶의 빚을 수없이 짊어지고 있지만, 하얀 눈으로 표상된 '공'의 길을 걸어간다면 "짊어지고 가지만 무게는 없"는 무소유의 삶을 실천할 수 있다는 것이다. 그리하여 세속의 삶이 비록 고달프고 괴롭더라도 "괴로움은 뜬구름 속에 실어 보내고/ 살아있는 순간에 삶의 주인이 되라(「삶이란」)"고 일갈한다. "삶의 주인"이 되는 것은 자성(自性)의 실체를 파악한 것으로, 실체가 없는 자성의 본 모습을 꿰뚫는다면 괴로울 것도, 즐거울 것도 없는 "하얗게 표백된 마음[空]"으로 인생의 긴 여정을 살아갈 수 있다는 것이다.

제행무상과 일체법공을 체득한 오도의 경지는 어떠한 마음의 상태를 이르는 것인가. 시인은 미루나무를 방편으로 삼아 다음과 같이 송(頌)한다.

> 언덕 위 우뚝 솟은 미루나무
> 세차게 불어온 바람소리
> 미루나무 잎새 연주자 되어
> 내는 명쾌한 소리
> 어느 악기인들

> 이 소리 흉내낼 수 있을까?
> 바람에 부딪치는 묘한 소리,
> 다 들을 수 있을까
> 팔 벌려 미루나무 껴안으면
> 몸으로 옮겨지는 그 명쾌한 소리
> 아—
> 그 묘한 바람소리.
>
> ―「미루나무」 전문

   시인의 시에서 '바람'은 수행의 장애를 걷어가는 '각성'의 의미를 상징하는 시어로 자주 등장한다. 미루나무를 향해 "세차게 불어온 바람소리" 역시 모든 번뇌를 날려보내는 깨달음의 표지가 된다. 천상의 악기인양 미루나무 잎새들이 들려주는 '묘한 소리', 그 청정한 법문을 듣기 위해 "팔 벌려 미루나무 껴안으면/ 몸으로 옮겨지는 그 명쾌한 소리"가 시인으로 하여금 절로 오도송을 읊게 한다.

   불가에서는 일체 만물에 불성(佛性)이 깃들어 있다고 보았다. 바람소리, 벌레소리, 물소리, 꽃이 피고 지는 것까지 모두 법문이 아닌 것이 없다고 했다. 자연의 모든 것이 바로 부처의 청정한 법신이며 말씀이라는 것으로, 대숲 바람소리에도 깨달음을 얻고 흘러가는 물소리를 듣고 열반의 경지를 노래하였다. 송대(宋代)의 대문장가이며 불심이 깊었던 소동파(蘇東坡)는 폭포수의 물소리를 듣고 대오각성(大悟覺醒)했다. 그리하여 "시냇물 소리가 곧 설법이거늘 산빛이 어찌 청정법신이 아니랴. 밤새도록 들은 팔만사천의 법문은 훗날 사람들도 어찌 같지 않으랴(溪聲便時廣

長舌/ 山色豈非淸淨/ 夜來八萬四千偈/ 他日如何擧似人'라며 오도송을 읊었다. 이른바 무정설법(無情說法)이다.

  사람의 입으로 전하는 법문이 유정설법이라면 무정설법은 산천초목과 같은 일체의 무정한 것들이 설법을 들려주는 것이다. 시인은 미루나무의 법음(法音)을 온 몸으로 껴안아 받아들이면서 내면에서 절로 터져나오는 오도의 노래를 시를 통해 형상화하고 있다. 참구(參究)에 들었던 선사들이 깨우치는 순간 '아—'라는 일갈을 내지르듯, 시인 역시 무정설법의 오묘한 진리를 깨닫는 순간 "아—/ 그 묘한 바람소리"라는 탄성을 시적 발화로 전하고 있다.

3.

  하이데거는 시의 언어를 '존재의 언어'로 명명하면서, 시는 존재 그 자체이며, 하나의 세계이며, 사물의 본질에까지 다다를 수 있는 그 어떤 것이라고 했다. 시는 언어를 통해 인간존재가 무엇인가에 대해 사색하게 하고 언어가 없는 절대적이며 본래적인 세계에 들어설 수 있도록 한다고 했다. 이러한 점에서 하이데거의 시관(詩觀)은 불교적 사유와 상통하는 부분이 많다.

  불교의 궁극적 목적은 존재의 본질에 대한 해답을 구하는 것이라 할 수 있다. 끊임없이 존재에 대한 의문과 물음을 던져 참된 존재의 실상을 알고자 하는 것이다. 존재의 본질을 탐구하는 과정이 수행이며 여기에 필수불가결적으로 언어가 동반된다. 선종

(禪宗)에서는 '불립문자(不立文字) 교외별전(敎外別傳)'을 내세우며 진정한 깨달음은 궁극적으로 문자가 없는 세계에서 이루어진다고 말하기도 한다. 언어로는 참 진리를 세울 수 없으며, 참 진리는 언어가 아닌 마음으로 전해진다는 것이다. 그러나 선사들 역시 깨달음의 경지를 드러내자면 오도송이라는 언어적 방편을 사용하지 않을 수 없다. 열반의 순간까지 인식의 수단인 언어를 빌리지 않으면 안 되는 것이다. 따라서 존재의 언어는 진리를 탐구하는 수행의 길에서 불가피할 수밖에 없다.

법산 김창규 시인은 불법에 정념하는 수행자로서 언어를 통해 존재의 본질에 이르고자 한다. 시는 존재의 언어로써 사물의 본질을 꿰뚫어 궁극적 진리에 도달케 하므로, 시인에게 시는 또다른 수행의 방편이며 길잡이라 할 수 있다. 따라서 이번 시집 『산사의 목탁소리』는 언어를 통해 불법의 깊고 넓은 세계를 인식하고 진여실상(眞如實相)의 본 자리를 찾고자 하는 시인의 불법 수행의 한 자취라고 할 수 있다. 시인의 선적(禪的) 직관과 시적 영감이 만나는 자리에서 시인의 불심은 시심으로 고양되어, 법열(法悅)에 찬 존재의 언어들이 한 권의 시집으로 엮어져 나올 수 있었던 것이다. 앞으로 법산 시인의 문자 수행이 더욱 깊어져 영롱한 사리와 같이 빛나는 선시집(禪詩集) 한 권이 불전에 올려지기를 기대해 본다.

산사의 목탁소리

김창규 시집

발 행 일	|	2013년 12월 21일
지 은 이	|	김창규
발 행 인	|	李憲錫
발 행 처	|	오늘의문학사
출판등록	|	제55호(1993년 6월 23일)
주 소	|	대전광역시 동구 삼성1동 125-6 한밭오피스텔 401호
전화번호	|	(042)624-2980
팩시밀리	|	(042)628-2983
홈페이지	|	http://www.lito77.co.kr(홈페이지)
전자우편	|	hs2980@hanmail.net

공 급 처 | 한국출판협동조합
주문전화 | (070)7119-1741~2
팩시밀리 | (031)944-8234~6

ISBN 978-89-5669-587-7
값 10,000원

ⓒ김창규.2013

* 잘못된 책은 바꾸어 드립니다.
* 이 책은 전자책(교보문고)으로도 제작되었습니다.